Meditação
A Arte de Viver
o Presente

Saulo Fong

Meditação
A Arte de Viver
o Presente

MADRAS

© 2022, Madras Editora Ltda.

Editor:
Wagner Veneziani Costa *(in memoriam)*

Produção e Capa:
Equipe Técnica Madras

Revisão:
Arlete Genari
Ana Paula Luccisano
Neuza Rosa

Dados Internacionais de Catalogação na Publicação
(CIP)(Câmara Brasileira do Livro, SP, Brasil)

Fong, Saulo
Meditação a arte de viver o presente/Saulo Fong. – 2. ed. – São Paulo: Madras, 2022.

ISBN 978-85-370-1102-7

1. Autoconsciência 2. Autopercepção 3. Conduta de vida 4. Meditação 5. Relaxamento I. Título.

17-09552   CDD-158.128

Índices para catálogo sistemático:
1. Meditação: Psicologia aplicada 158.12

É proibida a reprodução total ou parcial desta obra, de qualquer forma ou por qualquer meio eletrônico, mecânico, inclusive por meio de processos xerográficos, incluindo ainda o uso da internet, sem a permissão expressa da Madras Editora, na pessoa de seu editor (Lei nº 9. 610, de 19/2/1998).

Todos os direitos desta edição reservados pela

MADRAS EDITORA LTDA.
Rua Paulo Gonçalves, 88 – Santana
CEP: 02403-020 – São Paulo/SP
Tel.: (11) 2281-5555 — (11) 98128-7754
www. madras. com. br

Índice

Prefácio 11

Afinal, por que Meditar? 13
Benefícios da Meditação 14
Riscos da Meditação 15
Como Utilizar este Livro 16

Parte 1: Teoria

Alinhando Conceitos 19
Meditação e Espiritualidade 21
Aceitação x Negação 23
Metáfora 24
Lidando com as Sensações 25
Lidando com as Emoções 26
Lidando com os Sentimentos 27
Lidando com os Pensamentos 29

Canais de Comunicação 30
O Corpo 31
A Respiração 33
    Inspiração e expiração 34
    Amplitude e velocidade da respiração 35
    Respirar pelo nariz ou pela boca? 37
    Onde focar a respiração? 38
    Respiração natural 38
    Reforçando a sensação de bem-estar
    por meio da respiração 39
Atividades Físicas 40
Consciência Corporal 42
Posturas 43
    Em pé 44
    Sentado no chão 44
    Sentado na cadeira 45
    Deitado 45
    Postura da presença 46
Ancoragem e Meditação 47
    As mãos 48
    Os olhos 48

Ambiente 49
Outras Formas de Âncoras 49
A Mente e os Pensamentos 50
Opiniões e Fatos 52
Rótulos 54
Metáfora 55
Lidando com o Passado 56
Metáfora 58
Lidando com o Futuro 59
Imaginação 60
Massagem e Meditação 61
Sexo e Meditação 63
Morte e Meditação 64
    Aceitando a própria morte 65
Dor e Meditação 66
Alimentação e Meditação 67
Transtornos Mentais e Meditação 69
    Meditação e ansiedade 70
    Meditação e depressão 71
Iluminação, Êxtase e outros Rótulos 72
Metáfora 73
Frequência, Intensidade e Duração 74

Parte 2: Prática

Os Três Tipos de Técnicas Meditativas.................... 77
    Técnicas de meditação passiva........................ 77
    Técnicas de meditação ativa........................... 78
    Técnicas de meditação mista.......................... 79
Exercícios Meditativos.. 79
Meditação da Respiração Natural......................... 80
Técnica da Respiração Abdominal ou Diafragmática....... 81
Técnica da Respiração Torácica............................ 82
Técnica de Respiração com Movimento............... 82
    Complemento: respiração e visualização.......... 84
Respiração Conectada.. 84
Meditação da Atenção Plena (*mindfulness*)........ 85
Meditação em Movimento................................... 87
    Inicie na postura em pé................................ 87
Meditação da Vela... 88
Meditação com Espelho.. 89
Técnica com Mantras.. 91
Meditação Caminhando....................................... 93
Reconectando-se à Origem da Vida..................... 94
Meditação em Dupla... 96
Meditação com Estímulo Auditivo...................... 97

Mobilização Básica de Energia 98

    Circulação de energia 99

    Exteriorização de energia 100

    Absorção de energia 101

Meditação Dinâmica: Osho 102

Meditação Dinâmica Vibracional 105

Meditação *Shaking* (chacoalhar) 106

Relaxamento Progressivo 107

Verborragia 108

Meditação no Cotidiano 109

E Agora? Como Começar a Meditar? 110

Cinco Passos para Manter sua Prática 110

    Passo 1 111

    Passo 2 111

    Passo 3 111

    Passo 4 112

    Passo 5 112

Dúvidas mais Frequentes 112

Metáfora – A Decisão é Sua 115

E a Jornada Continua 116

Prefácio

Vivemos em um mundo cada vez mais dinâmico e rodeado pelos mais diferentes tipos de estímulos externos que exigem nossa atenção. Acrescente agora os estímulos internos que são nossos pensamentos, sensações, emoções e sentimentos. Como lidar com as tensões causadas por tais estímulos e, mesmo assim, viver plenamente e com qualidade de vida?

O que tenho a oferecer com este livro não é mais uma regra ou obrigação para causar ainda mais tensão em sua vida. Ofereço aqui novas oportunidades e possibilidades para aumentar seu repertório de opções, ajudando-o a lidar de forma saudável com o estresse, as tensões, os desafios e os estímulos que surgem em nosso dia a dia por meio das técnicas meditativas e do estado de meditação.

A leitura deste livro lhe servirá como um apoio, afetando sua vida de forma positiva, mesmo que você não aplique todos os ensinamentos no seu cotidiano. Entretanto, é óbvio que quanto mais você praticar e aplicar as técnicas e as sugestões contidas nesta obra, melhores e mais profundos serão os efeitos no seu dia a dia.

Este livro é o resultado de mais de uma década de estudos, pesquisa, vivência e aplicação do estado de meditação nas diversas áreas do conhecimento humano. Desde 2005, também ministro um treinamento vivencial de meditação que não só transformou de alguma forma aqueles que participaram, como também modificou a mim mesmo. Compartilhei experiências, histórias, técnicas e reflexões que agora ofereço na forma deste livro.

Leia, reflita, pratique e experimente no seu tempo e da sua própria maneira.

Talvez, você ainda esteja na busca por uma vida mais plena, por uma melhor qualidade de vida, pela consciência de algo maior ou por algo que você ainda não sabe ao certo o que é. Esta obra pode ser uma oportunidade e um estímulo para que você encontre o que ainda lhe falta.

Boa jornada!

Afinal, por que Meditar?

Eu não sei qual foi o motivo que fez você buscar saber mais sobre meditação.

Talvez você esteja passando por alguma situação de conflito emocional. Ou talvez queira aprender a lidar melhor com o estresse do dia a dia, ou esteja em busca de uma solução para o turbilhão de pensamentos que assola sua mente.

Há pessoas ainda que buscam (e conseguem) na meditação aprender a lidar com a ansiedade ou aumentar sua capacidade de concentração nas atividades que realizam profissionalmente.

A meditação também é muito popular entre esportistas amadores e profissionais que desejam melhorar sua performance.

E há também aquelas pessoas que simplesmente estão em busca de autoconhecimento e desenvolvimento pessoal para melhorar sua qualidade de vida de uma forma geral.

Ou então, você foi presenteado com o livro por um amigo ou parente que deseja seu bem-estar.

De qualquer forma, se você se enquadra ou não em uma dessas situações, saiba que além de a meditação ser realmente útil e eficiente em todas elas, já existem diversos estudos e pesquisas científicas comprovando que a meditação é capaz de inclusive alterar a estrutura cerebral, fazendo com que os neurônios estabeleçam novas conexões (sinapses) entre si.

Benefícios da Meditação

Dentre os inúmeros benefícios que a prática da meditação pode proporcionar estão:

- Desenvolve um profundo sentimento de paz interior;
- Melhora a memória;
- Reduz o risco de doença cardíaca;
- Proporciona maior sensação de bem-estar;
- Melhora a qualidade do sono;
- Regula a pressão arterial;
- Diminui a dor crônica;
- Melhora a vida sexual e a libido;
- Desenvolve a Inteligência e a Resiliência Emocional;
- Fortalece o sistema imunológico;
- Melhora a concentração;

- Ajuda a superar traumas passados;
- Diminui o ruído mental;
- Clareia a mente e os pensamentos;
- Traz equilíbrio emocional;
- Ajuda a largar o vício das drogas e do álcool;
- Aumenta a produtividade no trabalho;
- Desenvolve a consciência do seu corpo, da sua mente e das suas emoções;
- Amplia sua criatividade;
- Combate a ansiedade e a depressão;
- Conecta você com aquilo que há de mais essencial em seu Ser.

Riscos da Meditação

A meditação em si, como estado de atenção, não envolve nenhum risco e pode ser praticada por qualquer pessoa de qualquer idade, raça ou religião, estando ela saudável ou não, física ou mentalmente.

Entretanto, quando se fala em técnicas de meditação (eu irei explicar a diferença mais adiante), é importante ter cuidado principalmente com aquelas que envolvem movimentos físicos, caso você tenha alguma limitação física.

As técnicas de meditação também devem ser praticadas em ambientes seguros para que possam ser realizadas com tranquilidade. Nesse aspecto, o bom senso é a melhor medida.

Como Utilizar este Livro

Esta obra foi escrita para ser vivenciada. Leia cada frase prestando atenção no efeito que ela tem no seu corpo e em sua mente. Pode ser que alguma sensação, sentimento ou pensamento surja com a leitura. Não lute com aquilo que surgir. Perceba, observe, acompanhe e acolha a sensação, o sentimento ou o pensamento. Vivencie tudo que emergir de forma consciente e livre. Permita-se dar um tempo para você integrar as ideias, os conceitos e as práticas aqui contidos. Viva plena e intensamente a leitura desta obra.

Na primeira parte do livro, compartilho conceitos, reflexões e dicas para integrar o estado de meditação no seu dia a dia. A segunda parte é composta de diversas técnicas e exercícios de meditação que servirão para colocar em prática a primeira parte do livro. Experimente todas as técnicas e perceba qual o efeito que elas geram em você, ou seja, como fica seu estado de atenção no momento presente, enquanto pratica o exercício. Depois de testar todas as técnicas, escolha aquela que você mais se identifica para praticar regularmente, e note como ela afeta sua vida.

É natural que no começo algumas técnicas sejam mais fáceis ou confortáveis que outras. Com o tempo de prática e vivência, todas as técnicas se tornarão confortáveis, pois você já terá desenvolvido a atenção no momento presente.

Durante a leitura deste livro, eu o ajudarei nesta jornada da seguinte forma: toda vez que estiverem escritas as palavras **PARE E PERCEBA**, coloque o livro de lado e entre em contato com suas sensações, seus sentimentos e seus pensamentos. Percorra seu corpo com sua atenção e perceba como sua respiração está. Quando estiver consciente do seu estado, continue a leitura de onde parou.

Parte 1: Teoria

Alinhando Conceitos

Quando se fala em meditação, cada pessoa busca em sua mente seu próprio conceito que se baseia no que já leu, ouviu, estudou ou vivenciou. Cada religião e filosofia têm também sua própria definição sobre o que é meditação. Se buscarmos o termo no dicionário, encontraremos diferentes acepções, sendo que algumas até parecem ser contraditórias umas com as outras. Dessa forma, utilizarei termos diferentes para conceituar a **meditação** e as **técnicas meditativas**.

No meu entendimento, **meditação** é um estado de atenção (*a-tensão*, sem tensão), de consciência e percepção em que a pessoa se encontra conectada no momento presente. Nesse estado, há uma percepção natural e imparcial das sensações do corpo, dos sentimentos e dos pensamentos. Com a prática e vivência desse estado, a pessoa se conectará e desenvolverá também a percepção daquilo que está por trás de sensações, sentimentos e pensamentos. É a consciência de testemunhar aquele que testemunha.

Ao contrário do que muitos acreditam, meditação não é uma forma de se desligar ou de se desconectar do mundo. Muito pelo contrário! Em uma sociedade como a nossa, que incentiva a competitividade, a meditação é o contrapeso que estimula a conexão. A conexão de você com você mesmo, a conexão de você com o outro e a conexão de você com a Vida.

A consciência do momento presente é apenas uma consequência natural da auto-observação. Você não precisa colocar como meta o alcance desse estado. A meta ou objetivo é um recurso da mente, focado no futuro. Quando você estipula uma meta na meditação, já saiu do momento presente. O foco da meditação está totalmente no aqui e agora. Experimente, por exemplo, perceber como você está neste instante. Em que posição se encontra e como está se sentindo agora? Percorra seu corpo da cabeça aos pés e note se há alguma tensão em alguma região. Caso encontre alguma região tensa, movimente vagarosamente essa parte do corpo enquanto solta o ar por meio da expiração. Perceba também como está sua respiração. Ela está solta ou travada? Existe algum sentimento presente e como ele se manifesta? Que sons estão presentes no ambiente onde você se encontra? O que está passando pela sua mente agora? Você consegue perceber os instantes de silêncio entre os pensamentos?

Já as **técnicas meditativas** são exercícios ou estratégias que servem de estímulo para perceber o momento presente. Existem dezenas de técnicas que se diversificam quanto ao objeto onde é focada a atenção. Algumas utilizam estímulos internos como as sensações, os sentimentos, as emoções ou os pensamentos. Outras usam os estímulos externos como uma imagem, um som ou um movimento do corpo. O estado de meditação pode ocorrer durante a prática de uma técnica ou em qualquer outra atividade no seu cotidiano. Entretanto, é possível também praticar alguma técnica e não estar no estado de meditação. Isso acontece geralmente quando a técnica é praticada como uma obrigação, tornando-se um fardo a mais em sua vida e fazendo com que sua mente queira escapar do que acontece no momento presente.

Meditação e Espiritualidade

Uma pergunta que foi feita com frequência nos cursos que ministrei é a relação da meditação com a espiritualidade.

Primeiro, quero deixar claro que apesar de a meditação ser uma prática presente em diferentes filosofias e religiões, ela não envolve nenhuma crença religiosa. São as religiões que acabam misturando e associando suas crenças e dogmas com as distintas técnicas existentes.

O intuito desta obra é passar a informação de maneira simples, prática e sem a influência de crenças e dogmas, seja de qual religião for.

Por isso, quando falamos sobre espiritualidade, primeiro é preciso definir o que esse termo significa para você, já que é uma palavra que se refere a algo subjetivo e pode ter diferentes significados de pessoa para pessoa.

Se a meditação é ou não uma prática de elevação espiritual, isso dependerá apenas de sua crença do que considera elevação espiritual.

Se seu conceito de espiritualidade estiver associado com o sentimento profundo de paz interior e de conexão consigo mesmo, então sim, meditação tem tudo a ver com espiritualidade.

De qualquer modo, apenas reforço que a meditação é uma prática livre de dogmas, crenças e misticismo, disponível para qualquer pessoa que esteja aberta a experimentá-la da sua própria forma, seja ela religiosa ou não, espiritualizada ou não, crente em Deus ou não.

Os resultados virão, quer você acredite ou não. Basta colocar em prática.

Aceitação x Negação

Há filosofias que abordam a meditação por intermédio da negação: você não é seu corpo, não é suas emoções, não é seus pensamentos, não é sua mente, etc. É uma postura que interpreta o mundo como uma ilusão (*maya*) e que tem um movimento de aversão, ou seja, de movimentar-se para longe de algo.

Há outro caminho que é o da aceitação e do acolhimento: você é seu corpo, mas não é só seu corpo. Você é seu corpo e suas emoções, mas não é só seu corpo e suas emoções. Você é seu corpo, suas emoções e seus pensamentos, mas não é só isso. Você é ainda algo a mais. Essa é uma postura de aceitação do mundo como ele é. É um movimento que vai em direção a algo.

Talvez ambos os caminhos cheguem ao mesmo destino. Afinal, "o Todo é igual ao Nada". Negar tudo ou aceitar tudo podem nos levar àquilo que é essencial. Neste livro, abordarei principalmente o caminho da aceitação. Eu o escolhi, pois percebo que o caminho da aceitação é mais natural e orgânico. Quando você nega ou rejeita algo, cria uma resistência com aquilo que está se apresentando no momento. Essa postura de não aceitação pode causar ainda mais tensão e estresse, criando mais barreiras no caminho do autoconhecimento. Como negar, por exemplo, algo tão palpável e real como aquilo que se apresenta em nosso corpo, como a sensação de sede ou fome?

PARE E PERCEBA! Como você está se sentindo agora? Inspire profundamente algumas vezes e tome consciência da sensação e do sentimento que estão presentes neste exato momento.

Metáfora

Dois discípulos de um sábio mestre desejavam fumar dentro do monastério, mas não sabiam se era permitido. Ambos eram praticantes de meditação e resolveram utilizar desse fato para indagar ao mestre. Como o mestre nunca havia tocado no assunto, um deles resolveu perguntar primeiro:

– Mestre, posso fumar enquanto medito?

E o mestre respondeu:

– Claro que não! Para que você desejaria fazer algo do tipo?

Ele então acatou as palavras do mestre e saiu cabisbaixo.

No dia seguinte, caminhando pelo pátio do monastério, o primeiro discípulo avistou seu colega que fumava tranquilamente. Foi ao seu encontro e, sentindo-se indignado, questionou:

– O que você está fazendo?! O mestre não nos autorizou que fumássemos aqui dentro!

– A mim ele autorizou! – exclamou o segundo discípulo.

– Como assim? O que você perguntou? – indagou o jovem aprendiz.

– Ora, simplesmente perguntei: mestre, posso meditar enquanto fumo?

Lidando com as Sensações

Todas as sensações se manifestam por meio do corpo. É por causa do corpo que você tem sensações. Você pode sentir calor, frio, dor, cócegas, aperto, tensão, pressão, formigamento, etc. As sensações podem ser causadas por estímulos externos ou internos.

Durante um exercício de meditação, é natural vivenciar as mais diversas sensações. Caso não haja nenhum estímulo externo que esteja machucando seu corpo, é muito provável que a sensação seja um processo inconsciente que esteja aflorando em você. Experimente entrar na sensação e acolhê-la, ou seja, adote uma postura de abertura. Não resista nem lute contra ela. Entregue-se à sensação, permitindo que ela o transforme. Nessa atitude, é natural que a sensação se intensifique, chegue a um clímax e depois se dissolva, ficando apenas o estado de tranquilidade e serenidade.

Lidando com as Emoções

Não existe uma teoria universal sobre o que realmente é uma emoção, mas todas as pessoas têm sua própria referência quando utilizam esses termos. Entre as emoções básicas que são universais e facilmente reconhecidas em qualquer ser humano estão a alegria, o medo, a raiva, a surpresa, a tristeza e o nojo. As emoções podem ser desencadeadas a partir de estímulos externos que ocorrem no ambiente, ou a partir de estímulos internos conscientes (pensamentos ou lembranças) ou inconscientes (traumas acontecidos no passado). A maneira como interpretamos uma situação pode gerar também uma determinada emoção.

Todas as emoções se manifestam por meio de sensações no corpo, porém em uma intensidade ainda mais forte. Ao aprender a lidar com as sensações físicas, você também aprenderá a lidar com as emoções de forma mais harmônica. A emoção influencia diretamente corpo e mente por meio da postura e dos pensamentos. Para estar presente ao vivenciar uma emoção, deixe que ela tome conta de todo seu corpo, mantendo a atenção nas sensações físicas. É natural que a emoção se torne mais intensa, alcance um clímax e, gradualmente, diminua de intensidade. Lembre-se também de manter a respiração solta e os olhos abertos para que você possa permanecer no aqui e agora enquanto passa por esse processo.

Quando você dá atenção às suas emoções por intermédio da meditação, também está desenvolvendo sua resiliência e inteligência emocional.

Lidando com os Sentimentos

Também não existe uma definição universal do que sejam os sentimentos. Muitas vezes, as palavras sentimento e emoção são tratadas como sinônimos.

Há uma linha da psicologia que define o sentimento como uma interpretação dos pensamentos e das sensações causadas pelas emoções.

Etimologicamente, a palavra sentimento está associada ao sentir, ou seja, à sensação.

Angústia, ansiedade, mágoa, tranquilidade, compaixão são exemplos de sentimentos que podem se manifestar de diferentes formas, de indivíduo para indivíduo.

Por isso, a atitude para se lidar com os sentimentos é a mesma com a qual você lidaria com a emoção, ou seja, trazer sua atenção e consciência para como determinado sentimento se manifesta em seu corpo.

É possível que, ao levar o foco à sensação do sentimento, uma emoção básica possa emergir e fazer com que a sensação se intensifique ainda mais, alcançando um clímax e diminuindo de intensidade depois de alguns minutos.

Lembre-se de que todas os sentimentos e as emoções são, de certa maneira, interpretações simbólicas de sensações físicas no corpo.

Sua mente inconsciente pode também trazer lembranças, imagens ou pensamentos associados aos sentimentos e às emoções que você está sentindo durante esse processo. Caso isso ocorra, lembre-se de manter os olhos abertos enquanto apenas contempla essas lembranças ou imagens.

No próximo tópico, vou lhe ensinar como lidar com esses pensamentos.

Lidando com os Pensamentos

Os pensamentos estão associados à mente. São bem sutis e afetam diretamente nosso estado emocional e, consequentemente, nosso corpo. Os padrões de pensamentos que temos em nosso dia a dia foram aprendidos e incorporados principalmente durante nossa infância. Perceber o lado positivo ou negativo da vida é um hábito que pode ser aprendido. O primeiro passo para lidar com os pensamentos é dar-se conta de que todo contexto e todo estímulo são neutros, ou seja, não são nem positivos nem negativos, nem bons nem ruins. Durante as técnicas, apenas contemple os pensamentos, sem questioná-los, sem tentar interpretá-los e sem reprimi-los. **Não tente parar de pensar.** A diminuição do ruído mental é consequência e não o objetivo da meditação. Apenas imagine os pensamentos como se fossem nuvens passando num imenso céu azul. Note que eles vêm, ficam um tempo e passam. Dê-se conta também dos momentos de silêncio entre os pensamentos, assim como existem também os espaços em branco entre as palavras que você está lendo agora. Com o tempo, esses instantes de silêncio aumentarão naturalmente.

PARE E PERCEBA! Como você está se sentindo agora? Inspire profundamente algumas vezes e tome consciência da sensação e do sentimento que estão presentes neste exato momento.

Canais de Comunicação

Nós percebemos o mundo por intermédio de três canais básicos de comunicação: auditivo, visual e cinestésico (inclui o tato, o olfato e paladar). Cada indivíduo pode possuir um canal mais desenvolvido do que o outro, ou seja, sentir-se mais confortável com a utilização de um canal específico. Por exemplo, há pessoas que têm o canal auditivo mais desenvolvido e sentem-se muito bem comunicando-se verbalmente. Gostam de falar e verbalizar o que acontece com elas. Outras têm o canal visual desenvolvido, e sentem-se presentes quando são estimuladas visualmente. Assim como existem pessoas que gostam do fazer, do experimentar e do tocar, pois utilizam o canal cinestésico como principal meio de comunicação.

O oposto também pode acontecer, ou seja, há pessoas que possuem certa sensibilidade em algum canal de comunicação e sentem-se desconfortáveis quando são estimuladas por esse canal. Por exemplo, existem pessoas que têm o canal auditivo sensível, para as quais o barulho pode ser desconfortável. Elas preferem também o silêncio e podem sentir-se incomodadas quando se comunicam verbalmente. Em geral, são rotuladas de tímidas. Outras pessoas têm o canal visual sensível e não gostam de atividades que estimulam a visão, como por exemplo a leitura. Quanto à sensibilidade do canal cinestésico, há pessoas que evitam atividades físicas ou aquelas que evitam qualquer tipo de contato físico.

É importante saber qual canal de comunicação você tem mais ou menos desenvolvido, pois existem técnicas de meditação que estimulam diferentes canais. Há aquelas que estimulam o canal visual (técnica da vela, técnica do olhar), o canal auditivo (mantra, técnica de percepção do som) e o canal cinestésico (meditação dinâmica, técnica de perceber a respiração, etc.).

O Corpo

Algumas religiões e filosofias negam e rejeitam o corpo físico. Com tal atitude não estariam negando o próprio presente? O corpo não seria sua realidade mais palpável apresentando-se no aqui e agora? O corpo pode ser interpretado como um aliado ou um inimigo em sua vida. Depende apenas do seu jeito de encará-lo. Se você resistir às manifestações do corpo, criará apenas mais tensões e estresse. O corpo está sempre no aqui-agora, ao contrário da mente que pode divagar entre o passado e o futuro. Desse modo, ele serve como forma de âncora para manter a mente no momento atual. As sensações do seu corpo lhe dão a consciência e a certeza de que você está vivo.

Muitas técnicas meditativas utilizam o corpo como objeto de atenção ao focar na respiração, nos movimentos ou nas sensações que nele surgem.

Ao entrar em contato com suas sensações físicas, você começará a perceber que o corpo tem sua própria inteligência e necessidade. Essa inteligência tem a única finalidade de mantê-lo vivo. Esta força esteve, está e sempre estará presente até o momento de sua morte. Muitas pessoas acreditam que a mente consciente tem o controle total e absoluto sobre o corpo. Tal crença é mera ilusão. Nosso controle sobre o corpo é parcial. Prova disso é a nossa própria respiração. Podemos até controlar seu ritmo, prendê-la por curto período, mas é impossível para qualquer pessoa prender a respiração por mais de alguns minutos.

Experimente realizar o próximo exercício para que você se dê conta dessa poderosa força que o mantém vivo:

1. Feche os olhos e fique em uma posição confortável. Apenas preste atenção em sua respiração.

2. Após alguns ciclos de inspiração e expiração, conscientemente prenda a respiração pelo maior tempo que conseguir, prestando atenção nas sensações que afloram.

3. Perceba que, em determinado momento, uma energia mais forte que sua mente consciente tomará o

controle do seu corpo e de sua respiração fazendo com que você volte a respirar.

4. Prenda a respiração quantas vezes forem necessárias para sentir essa força.

5. Quando ela estiver bem presente, apenas relaxe, solte a respiração e permita que essa energia tome conta de todo seu corpo.

6. Agradeça e entregue-se a essa força.

7. Permaneça mais alguns minutos prestando atenção em sua respiração e integrando a experiência.

PARE E PERCEBA! Como você está se sentindo agora? Inspire profundamente algumas vezes e tome consciência da sensação e do sentimento que estão presentes neste exato momento.

A Respiração

A respiração é a base da vida do ser humano. Podemos ficar algumas semanas sem nos alimentar, alguns dias sem beber, mas apenas alguns minutos sem respirar. Alguns a consideram uma ponte da mente consciente para o inconsciente, pois ela pode ser parcialmente controlada por nós, como também pode acontecer de forma involuntária, servindo apenas para manter nosso corpo vivo.

A respiração afeta diretamente nosso corpo e nosso estado emocional, assim como os estímulos do nosso corpo e as emoções também afetam nossa respiração. Quando estamos calmos e tranquilos, a respiração é longa e lenta. Quando estamos agitados, ela se torna mais curta e rápida. Dessa forma, é também possível alterar nosso estado emocional quando modificamos conscientemente nossa maneira de respirar. Tomar consciência da respiração é uma das chaves para manter um estado de equilíbrio e serenidade.

Inspiração e expiração

A respiração é composta por duas fases complementares: a inspiração e a expiração.

Quando nascemos, nosso primeiro ato é a inspiração. Tomamos o ar para dentro de nossos pulmões a fim de oxigenar nosso corpo para que ele possa se manter vivo. A inspiração está relacionada à ação. É natural inspirarmos profundamente antes de realizar qualquer atividade. Ela traz a energia necessária para que a ação ocorra. É a parte ativa da respiração. É por isso que quando uma pessoa tem uma grande ideia dizemos que ela está *inspirada*.

Quando morremos, nossa última atitude é a expiração. A expiração está relacionada ao deixar ir, ao soltar-se. É pela expiração que os pulmões se esvaziam para que o oxigênio possa entrar. Ela é a parte passiva da respiração, não deve ser forçada. O relaxamento também está relacionado à expiração. Quando a tensão é dissipada, o corpo suspira. O suspiro nada mais é do que o alívio do corpo por meio de uma expiração.

Amplitude e velocidade da respiração

A respiração pode variar em dois fatores principais: amplitude (curta ou longa) e velocidade (lenta ou rápida). Dessa forma, temos basicamente quatro padrões de respiração, sendo que cada um tem um efeito em nosso estado:

Respiração curta e lenta: esse padrão de respiração é o que a maioria das pessoas está acostumada. A circulação de oxigênio é mínima e tem o objetivo de apenas manter o corpo vivo.

Respiração longa e lenta: esse tipo de respiração é utilizado na maioria das técnicas de meditação, pois promove serenidade e tranquilidade na maior parte dos praticantes. Há uma circulação maior de oxigênio de forma natural e relaxada. A velocidade baixa ajuda a diminuir a frequência cardíaca.

Respiração curta e rápida: também conhecida como *respiração de fogo, respiração de fole* ou *respiração de cachorrinho,* é uma das técnicas respiratórias praticadas na yoga. Exige certa prática para ser realizada e promove uma rápida circulação de oxigênio. Em algumas pessoas, ajuda a integrar a sensação de dor e aumenta a disposição e a energia. Caso não esteja acostumado com essa forma de respiração, faça com cautela, pois pode causar tontura.

Respiração longa e rápida: esse é um padrão de respiração avançado. Utilizado na técnica terapêutica de renascimento, ou *rebirthing,* promove a maior circulação de oxigênio comparada aos outros três padrões. Por essa razão, pode alterar o estado de consciência e fazer com que situações mal resolvidas emocionalmente venham à tona, por exemplo, traumas não trabalhados ou bloqueios emocionais. Pode causar também a tetania, cujas características são espasmos e contrações musculares involuntárias causadas pela diminuição do nível de gás carbônico no sangue. Dessa forma, é recomendado que esse padrão de respiração seja realizado a princípio na presença de alguém experiente, como um terapeuta de renascimento, pois a pessoa pode não saber lidar com as sensações, emoções, sentimentos e efeitos causados por esse tipo de respiração.

Respirar pelo nariz ou pela boca?

Depende do contexto.

A inspiração pelo nariz faz com que o ar seja aquecido, filtrado e umedecido pelas narinas antes de chegar aos pulmões. É um ar mais puro e equilibrado com nosso corpo. A inspiração pelo nariz é a mais utilizada na maioria das técnicas meditativas, pois tais exercícios não exigem muita circulação de oxigênio. Quando se utiliza apenas o nariz, é comum deixar a boca fechada com o maxilar relaxado e língua repousando na base do palato (céu da boca).

A inspiração pela boca pode acontecer quando o corpo necessita de mais oxigênio para a atividade que estiver exercitando, por exemplo, em uma atividade física intensa. Ela também pode ser utilizada nas sessões de renascimento quando se tem a intenção de aumentar o fluxo de oxigênio para promover algum processo terapêutico.

A expiração, igualmente, pode acontecer pelo nariz ou pela boca. Na maioria das técnicas meditativas, a expiração é realizada também pelo nariz, porém, em atividades mais intensas, o corpo pode necessitar que ela aconteça pela boca.

PARE E PERCEBA! Como você está se sentindo agora? Inspire profundamente algumas vezes e tome consciência da sensação e do sentimento que estão presentes neste exato momento.

Onde focar a respiração?

O foco da respiração também pode acontecer em diferentes regiões do corpo. As mais comuns são a região abdominal ou a região peitoral. O efeito das diferentes formas de respirar pode variar de pessoa para pessoa. Em algumas, a respiração abdominal pode acalmar, enquanto em outras, focar a atenção da respiração no abdome pode fazer com que entrem em contato com as emoções. Experimente praticar as duas formas de respirar e perceba qual efeito elas geram em você.

Você também pode focar a respiração em qualquer outra região do corpo. Imaginar o ar entrando e saindo por alguma parte do corpo é também um recurso que ajuda a desenvolver a consciência corporal.

Respiração natural

Quando apenas tomamos consciência da respiração, sem tentar controlá-la, o corpo se autorregula para respirar da maneira mais natural e eficiente possível, de acordo com a situação em que você se encontra.

Os exercícios que envolvem técnicas e mudanças de padrões respiratórios servem para expandir o repertório e as possibilidades do corpo, portanto, são exercícios ativos. Já a respiração natural é uma ação passiva, em que a mente deixa que o corpo encontre o estado natural, sem tentar controlá-lo.

Ela também é fluida e contínua, desde que o ambiente esteja livre de ar contaminado com elementos nocivos ao nosso corpo. Na respiração natural, o ar entra espontaneamente na inspiração e sai suavemente na expiração. Não há controle ou pausas.

Depois de realizar qualquer exercício de respiração em que você alterou o padrão respiratório, permaneça alguns minutos apenas na respiração natural. Esse é um momento de perceber qual o efeito do exercício, além de praticar também a postura do acolhimento e da não ação. Dessa forma, trabalha-se o consciente e o inconsciente, o positivo e o negativo, o agir e o deixar fluir.

Reforçando a sensação de bem-estar
por meio da respiração

Há um mecanismo no cérebro dos seres humanos que faz com que situações desagradáveis fiquem registradas em nossa mente com mais facilidade do que as situações agradáveis.

Isso tem como objetivo a sobrevivência da espécie, pois ao nos-depararmos com situações que ameacem nossa vida, teremos uma referência para evitá-las quando o contexto se apresentar mais uma vez.

Os momentos de bem-estar, tranquilidade, serenidade e paz geralmente passam sem tomarmos consciência deles. Uma forma de fazer com que o cérebro registre também esses instantes é vivenciá-los conscientemente por meio da respiração. Toda vez que você perceber que está se sentindo bem, pleno e em paz consigo mesmo, faça algumas respirações lentas e profundas intensificando essa sensação. Com a prática, você começará a notar cada vez mais esses momentos em sua vida, aumentando ainda mais a sensação de bem-estar e plenitude em seu dia a dia.

PARE E PERCEBA! Como você está se sentindo agora? Inspire profundamente algumas vezes e tome consciência da sensação e do sentimento que estão presentes neste exato momento.

Atividades Físicas

A prática regular de atividades físicas é essencial para o desenvolvimento do estado de meditação. Nosso corpo foi feito para movimentar-se, e é por meio do movimento que o corpo se mantém vivo e saudável.

O fundamental é escolher uma prática que lhe dê prazer e satisfação. Sugiro principalmente as práticas não competitivas, como dança, yoga, tai chi chuan, aikido entre outras, pois elas ajudam a manter a mente focada no presente, além de desenvolver a propriocepção e a consciência corporal. O foco no ganhar ou em qualquer outro benefício está voltado para o futuro e lhe tira a atenção do momento presente. Uma prática não competitiva auxiliará a manter todos os canais de comunicação (visual, auditivo e cinestésico) ancorados no aqui-agora. Quando você sente satisfação durante a prática, o propósito dela se tornará a própria prática. Da mesma forma, quando o propósito existencial estiver focado no presente, o sentido da Vida se tornará o próprio ato de viver.

A prática da atividade física pode ser também um exercício meditativo, desde que você consiga manter sua atenção naquilo que está praticando.

Uma dica útil é permanecer alguns minutos em silêncio antes e após a prática, percebendo como está o corpo, a respiração, o estado interno e a mente. Essa atividade é frequentemente realizada nas artes marciais japonesas e é conhecida como *Mokuso*, que significa "meditação" em japonês. Você certamente notará uma diferença na qualidade de sua presença antes e após a atividade física. Nos minutos após a prática, inspire conscientemente a sensação de bem-estar para dentro do corpo para que o cérebro registre também esse momento.

Consciência Corporal

A consciência corporal é desenvolvida juntamente com a propriocepção, que é a capacidade de reconhecer a localização espacial do corpo, sua posição e orientação, a força exercida pelos músculos e a posição de cada parte do corpo em relação às demais, sem utilizar a visão.

A maneira mais fácil de desenvolver esse tipo de percepção é pela prática de movimentos lentos e contínuos. Quanto mais lento e contínuo for o movimento, maior será sua atenção destinada a manter o equilíbrio físico.

Isso acontece por causa da força da gravidade que atua sobre nós. Quando realizamos movimentos rápidos, contamos com a energia do movimento para compensar a falta de equilíbrio e de consciência corporal.

Você pode desenvolver sua consciência corporal por meio da prática de qualquer atividade física. Quem não possui essa percepção aguçada poderá sentir certo desconforto no começo, pois entrará em contato com novas sensações que não estavam presentes antes. Com a prática, a agradável sensação de sentir o corpo vivo tomará conta de todo seu ser.

Posturas

As técnicas meditativas podem ser praticadas em pé, com você sentado ou deitado. Pratique as três posturas básicas para não ficar apegado a nenhuma delas.

Há pontos comuns que devem ser levados em consideração em todas as três posturas. As articulações de joelhos e cotovelos devem estar relaxadas e levemente flexionadas. Se os joelhos ou cotovelos estiverem totalmente esticados, você estará sobrecarregando alguma parte do corpo com tensões desnecessárias.

Mantenha alinhada a coluna com o quadril, o pescoço com a coluna e a cabeça com o pescoço para que todo sistema nervoso fique livre de tensões. Algumas vezes, a má postura pode causar pressão em algum nervo, impedindo que os impulsos elétricos percorram com eficiência o caminho entre o cérebro e algum órgão, causando assim algum sintoma ou desconforto físico. Quando o sistema quadril-coluna-pescoço-cabeça está alinhado, diminuímos os riscos de alguma interferência no sistema nervoso.

É necessário uma constante busca pelo centramento e equilíbrio para estar alinhado. Por causa da força de gravidade, é impossível manter-se 100% do tempo nesse alinhamento quando estamos sentados ou em pé. Porém, a consciência desse eixo vertical o ajudará também a desenvolver a consciência corporal.

Em pé

Mantenha os pés afastados, na largura dos ombros, com os joelhos levemente flexionados. Distribua seu peso uniformemente em ambas as solas dos pés. Alinhe o quadril com a coluna, o pescoço e a cabeça. Tenha consciência do seu eixo vertical desde os pés até a cabeça.

Imagine que de seus pés saem raízes que o prendem à terra, e que no topo de sua cabeça há um fio conectando-o ao céu. Esta visualização o ajudará a manter uma postura mais ereta.

Sentado no chão

Você pode sentar-se com as pernas cruzadas, em posição de lótus, semilótus ou ajoelhado. Pessoas que não estão acostumadas a sentar-se no chão devem tomar cuidado, principalmente com a coluna, pois depois de certo tempo um incômodo pode surgir. Pessoas que têm problemas nos joelhos devem evitar ficar na posição ajoelhada por muito tempo para evitar lesões.

Sentado na cadeira

Utilize uma cadeira estável e com o assento plano. Mantenha as pernas descruzadas e os pés totalmente em contato com o chão. Ao sentar-se, apoie seu peso nos ísquios (ossos que ficam embaixo das nádegas). Alinhe o quadril com a coluna, tomando cuidado para não tensionar a região lombar nem curvar as costas. Encontre seu ponto de equilíbrio.

Deitado

Deite-se em uma superfície firme e mantenha os joelhos e cotovelos levemente flexionados. Você pode colocar uma pequena almofada embaixo dos joelhos para aliviar a tensão na região lombar.

Essa é a postura mais controversa entre os praticantes de meditação, pois apesar de você poder relaxar totalmente o corpo, pode facilmente cair no sono. Uma alternativa é deitar-se mantendo os joelhos flexionados e as solas dos pés em contato com o chão. Dessa forma, caso comece a dormir, seus joelhos cairão para o lado e você precisará manter a consciência para ficar nessa posição.

Outra alternativa para manter-se acordado é respirar profundamente algumas vezes. A maior circulação de oxigênio fará com que sua mente se mantenha alerta.

Postura da presença

Nossa postura física influencia e é influenciada diretamente pelo nosso estado emocional. Por exemplo, pessoas tristes e deprimidas manifestam uma postura cabisbaixa, com os ombros curvados e caídos para a frente.

Dessa forma, há também uma postura física que manifesta o estado de presença. Essa postura está relacionada à expansão e ao equilíbrio das três dimensões do corpo físico: altura, largura e profundidade.

Altura: está relacionada ao nosso eixo vertical e latitudinal, que vai da base da coluna à cabeça. Mantenha-se o mais alto possível nesse eixo. Imagine uma linha que mantém a base de sua coluna ligada ao centro da Terra, e o topo da sua cabeça conectado ao céu. Cresça nessa direção para ambos os sentidos.

Largura: está relacionada ao nosso eixo horizontal e longitudinal, que vai da ponta de um ombro ao outro. Mantenha a maior distância possível entre seus ombros. Existe um equilíbrio entre abrir e fechar demais os ombros. Nesse ponto de equilíbrio, a distância entre um ombro e outro será a maior possível.

Profundidade: está relacionada à inclinação do corpo para a frente ou para trás. Encontre o ponto de equilíbrio, sem pender o peso para a ponta dos pés ou para o calcanhar. O peso corporal deve estar posicionado exatamente abaixo do centro do corpo.

PARE E PERCEBA! Como você está se sentindo agora? Inspire profundamente algumas vezes e tome consciência da sensação e do sentimento que estão presentes neste exato momento.

Ancoragem e Meditação

Ancoragem é um conceito da Programação Neurolinguística (PNL) em que você associa um estímulo sensorial, visual ou cinestésico a determinado estado emocional e mental.

Na meditação, há a possibilidade de associar e utilizar diversos estímulos ao estado de presença. Escreverei mais sobre eles nos próximos tópicos.

As mãos

As mãos podem ficar unidas, soltas ou realizando algum gesto, também conhecido como *mudra* em sânscrito. Apesar de possuírem uma simbologia na cultura indiana, os *mudras* funcionam como âncoras cinestésicas, ou seja, são gestos que se associam a algum estado interno após sua intensa repetição. Por exemplo, toda vez que praticar qualquer técnica meditativa, você pode realizar um gesto com as mãos. Esse gesto ficará associado com a sensação e o sentimento de presença que surgirem durante a prática. Depois de certo tempo de prática, basta fazer o gesto para que a sensação e o sentimento de estar presente no aqui-agora se manifestem.

Os olhos

As práticas podem ser realizadas com os olhos abertos, entreabertos ou fechados. Pratique com as três possibilidades e perceba em qual você fica mais atento.

Para algumas pessoas, fechar totalmente os olhos faz com que a mente fique bastante agitada e com muitos pensamentos. Para outras, muitos estímulos visuais podem ter esse mesmo efeito. A terceira opção é deixar os olhos entreabertos, permitindo que haja somente um pouco do estímulo visual.

Caso uma emoção forte comece a aflorar durante a prática de alguma técnica meditativa, mantenha os olhos abertos para que você fique mais presente no aqui-agora e não se perca nessa emoção.

Ambiente

No início, escolha um ambiente tranquilo sem grandes distrações para começar a prática das técnicas meditativas. Caso você opte por praticar sempre no mesmo ambiente, este também se tornará uma âncora para seu estado, ou seja, a sensação de bem-estar e paz interior estará conectada ao local. Com o desenvolvimento de seu estado de presença, é importante praticar em outros locais, fazendo com que seu estado de serenidade e paz interior possa ser acessado em qualquer lugar.

Outras Formas de Âncoras

Você pode utilizar qualquer estímulo visual, auditivo ou cinestésico (sensação, movimento, postura) para servir como âncora durante suas práticas meditativas. Tais estímulos podem ser uma música (auditivo), um incenso (olfato/cinestésico) ou algum tipo de luz no ambiente (visual).

Uma âncora muito útil e que está sempre com você é a sua própria respiração. Com a prática, o próprio ato de respirar conscientemente pode se tornar uma âncora associada ao estado de serenidade e presença.

Lembre-se de que essas ferramentas são válidas para você alcançar o estado de meditação com mais facilidade em qualquer hora e lugar.

A Mente e os Pensamentos

Os pensamentos são processos mentais realizados por meio das palavras. As formas de pensar e interpretar as situações que acontecem em nossa vida podem causar tensão ou relaxamento em nossos corpos.

Há filosofias que são contra a mente e os pensamentos, rotulando-os com adjetivos negativos e pejorativos. Entretanto, a mente e os pensamentos são como quaisquer outros estímulos, ou seja, são neutros. É a maneira de utilizá-los que fará com que eles fiquem a seu favor ou contra você.

A mente é um elemento essencial para nossa vida. É por causa dela que você é capaz de ler e compreender este texto. Rejeitar ou lutar contra a mente é ir contra uma parte sua. O resultado será um conflito interno.

Cada pessoa tem uma forma própria de pensar que é baseada em seu valores e crenças. O que você considera importante em sua vida são seus valores pessoais. Eles foram adotados ainda enquanto era criança. Já as crenças são ideias que você tomou como verdade em sua vida. Tanto os valores como as crenças determinam sua maneira de perceber e agir no mundo.

Aprender a lidar com as palavras, percebendo seus efeitos em nós mesmos é essencial para desenvolver novas formas de pensar e interpretar os fatos da vida.

Por exemplo, palavras como *"deve", "precisa"* e *"tem que/ tenho que"* estão muito ligadas às obrigações e causam uma tensão interna nas pessoas a quem elas são dirigidas. Como você se sentiria se eu lhe dissesse que *"você tem que praticar uma determinada técnica todos os dias por 15 minutos"*? São raras as pessoas que sentem prazer quando são obrigadas a realizar algo. Uma opção mais interessante é substituir tais verbos pelo "pode". Perceba a diferença se eu lhe dissesse que *"você pode praticar tal técnica todos os dias por 15 minutos"*. Nesse caso, você não precisa, nem deve, mas pode fazer aquilo que quiser. Há liberdade de escolha. Dessa forma, a responsabilidade das atitudes passam para o sujeito da ação, fazendo com que ele tome consciência e responda pelas consequências de seus atos.

PARE E PERCEBA! Como você está se sentindo agora? Inspire profundamente algumas vezes e tome consciência da sensação e do sentimento que estão presentes neste exato momento.

Opiniões e Fatos

Para ter maior clareza mental é necessário saber diferenciar o que é opinião e o que é fato.

Fato é um acontecimento ou uma situação que podem ser observados e comprovados por todos. É a realidade manifestada. São exemplos de fatos:

- A Terra gira em torno do Sol.
- Todos os seres humanos são mamíferos.
- O ser humano precisa de oxigênio para sobreviver.

Já a opinião é todo julgamento de valor referente a um acontecimento ou situação. A opinião pode ser baseada em valores e crenças pessoais, na percepção, na experiência de vida e até mesmo na observação dos fatos. Ela é relativa e subjetiva. Não é uma verdade para todos. A opinião revela muito mais sobre a pessoa que opina do que sobre o acontecimento em si. São exemplos de opiniões:

- A vida é bela.
- Ganhar dinheiro é difícil.
- Relacionamentos são complicados.

Muitas confusões acontecem quando algumas pessoas emitem opiniões como se fossem fatos. Isso é um padrão muito comum na mente da maioria delas, que o fazem como recurso para não precisar lidar com um aspecto limitante de si mesmo. Por exemplo:

- Meditar é difícil.

Definindo essa opinião como fato, o sujeito se isenta da responsabilidade de aprender a meditar e coloca a culpa na própria opinião. É como se meditar fosse difícil para todas as pessoas, o que não é uma verdade.

Uma forma de mudar esse comportamento é assumindo sua opinião, ou seja, deixando claro que o que você falou serve apenas para si e não necessariamente para outras pessoas. Isso traz a responsabilidade da opinião para si mesmo. Exemplo:

- **Para mim**, meditar é difícil.

A frase anterior tem outro peso no sujeito que a emite, pois mostra que a dificuldade é pessoal. Na verdade, meditar não é fácil nem difícil. Cada pessoa a torna fácil ou difícil para si.

Transcender as opiniões e ater-se aos fatos são caminhos para perceber a Vida com mais clareza. Para que isso aconteça, é preciso também aprender a lidar com os incômodos e desconfortos causados por enfrentar a realidade.

Rótulos

Rótulos também são maneiras de opinar que não condizem com a realidade, principalmente quando são direcionados às outras pessoas. É uma característica da mente de muitos indivíduos que desejam eternizar o momento presente ou generalizar uma situação. Por exemplo:

- Aquele menino é mentiroso.

Ele mente **TODAS** as vezes que fala? Alguma vez ele já falou a verdade?

Os rótulos impedem que percebamos o ser humano do jeito que é: uma criação contínua em um processo de constante desenvolvimento e mudança.

Metáfora

Em um pequeno vilarejo na China, moravam um sábio fazendeiro e seu filho. O filho desejava muito ter um cavalo, mas como eram pobres, não possuíam dinheiro para adquirir um. Certo dia, passou pelo vilarejo uma cavalaria que trazia um potrinho que não conseguia acompanhar o grupo. O dono da cavalaria, sabendo do desejo do menino, deu-lhe o potrinho de presente. Um vizinho, tomando conhecimento do ocorrido, disse ao pai do garoto: "Que sorte hein!"

"Por quê?", perguntou o pai.

"Ora", disse ele, "seu filho queria um cavalo, passa uma cavalaria e ele ganha um potrinho. Não é sorte?"

"Pode ser sorte ou pode ser azar", retrucou o pai.

O menino cuidou do cavalo com todo zelo, mas um dia, já crescido, o animal fugiu. Sabendo do ocorrido, o vizinho disse: "Que azar hein! Ele ganha um potrinho, cria-o até a fase adulta, e então o cavalo foge".

"Pode ser sorte ou pode ser azar", repetiu o pai.

O tempo passa e um belo dia o cavalo retorna com mais três cavalos. O menino, agora um rapaz, consegue cercá-los e fica com todos eles. O vizinho comenta: "Mas que sorte a do seu filho! Ele ganha um potrinho, cria, ele foge e volta com mais três cavalos selvagens".

"Pode ser sorte ou pode ser azar", responde novamente o pai.

Algumas semanas depois, o rapaz estava domando um dos cavalos, quando cai e quebra a perna. Vem novamente o vizinho e diz: "Que azar! Seu único filho que o ajudava nos serviços quebrou a perna e não poderá ajudá-lo mais".

"Pode ser sorte ou pode ser azar", insiste o pai.

Dias depois, o reino onde moravam entra em guerra com o reino vizinho. Todos os jovens são convocados, menos o filho do fazendeiro que estava com a perna quebrada. E então o vizinho continua: "Que sorte hein..."

PARE E PERCEBA! Como você está se sentindo agora? Inspire profundamente algumas vezes e tome consciência da sensação e do sentimento que estão presentes neste exato momento.

Lidando com o Passado

Há outros verbos que quando conjugados no passado trazem o sentimento de culpa, por exemplo, o verbo *"deveria"*.

Se você utiliza o verbo *"deveria"* quando se refere às ações que já realizou ou deixou de realizar, provavelmente está carregando uma culpa ou remorso com relação ao seu passado. Por exemplo:

- Deveria ter realizado aquela viagem.
- Não deveria ter dito aquilo.

Outra palavra que o retira do momento presente é o *"se"*, quando relacionado aos caminhos que você não escolheu no passado. Por exemplo:

- Ah, se eu tivesse feito X ao invés de Y.

Tais pensamentos são ilusões, pelo simples fato de que não aconteceram. Ao se utilizar desses pensamentos, sua mente fica divagando no passado, tentando imaginar como seria sua vida se você tivesse optado por outro caminho. Entretanto, você não escolheu tal caminho e, dessa forma, não há como realmente saber como seria sua vida.

Como você não pode mudar o que passou, uma solução para o *"se"* e para o *"deveria"* é aceitar, acolher e agradecer o passado, considerando-o como destino, ou seja, tudo que ocorreu no seu passado era para acontecer do jeito que aconteceu. Você mereceu tudo que aconteceu pelo simples fato de ter acontecido. Essa é uma atitude com relação ao passado que pode lhe trazer paz, serenidade e plenitude no presente.

Metáfora

Em um monastério, viviam dois monges que eram muito amigos e que sempre cumpriam seus afazeres em conjunto.

Tais monges não podiam se aproximar de mulheres, muito menos tocá-las.

Certo dia, ao atravessarem a floresta para comprar mantimentos na cidade, se depararam com uma mulher que estava com dificuldades para atravessar o rio que dava acesso ao vilarejo e que se encontrava agitadíssimo.

Um dos monges disse:

– Não podemos ajudá-la. Fizemos voto de que não tocaríamos em mulher alguma.

O outro monge replicou:

– Também fizemos voto de ajudar todas as pessoas e criaturas deste mundo, sem haver distinção.

Então, este mesmo monge colocou a mulher em suas costas e atravessou o rio, deixando-a na outra margem.

Os dois monges seguiram o caminho e, durante a jornada, houve grande pausa na conversação deles.

Logo, o silêncio é interrompido pelo monge que era contra a ideia de carregar a jovem, dizendo:

– Você não devia tê-la carregado, ela será um peso para sua caminhada!

O outro monge, sabiamente, responde:

– Meu amigo, eu deixei a mulher na outra margem do rio, mas é você que a continua carregando durante nossa caminhada.

PARE E PERCEBA! Como você está se sentindo agora? Inspire profundamente algumas vezes e tome consciência da sensação e do sentimento que estão presentes neste exato momento.

Lidando com o Futuro

Já com relação ao futuro, uma opção é enfrentá-lo como possibilidade. Você não tem controle sobre as consequências de suas escolhas. Pode ter a intenção de realizar algo, porém não terá a certeza de que esse algo irá se concretizar até que o fato seja consumado. Também não temos como saber se nosso destino já está traçado ou não. O futuro é o desconhecido. Existem muitas variáveis na vida que estão além do seu campo de visão. Muitas pessoas se desesperam e se estressam, pois querem ter o controle total das consequências de suas escolhas. Isso acontece também porque a sociedade "vende" essa ideia àqueles que estão em busca de segurança e estabilidade.

Entretanto, a vida ocasionalmente nos mostra que não temos o controle total de nenhuma situação. Quantos imprevistos já aconteceram e acontecem em sua vida diária? A própria morte que pode ocorrer a qualquer momento com qualquer pessoa é uma prova da insegurança e da incerteza da vida. Aceitar esse fato natural pode ser desconfortável no começo por causa dos inúmeros estímulos e ideias sobre segurança que foram adotados quando éramos crianças. Porém, essa aceitação desenvolve outro tipo de fé. A fé no desconhecido. É essa confiança no desconhecido e naquilo que está além do nosso controle que pode lhe trazer a tão almejada paz interior.

Imaginação

Imaginação é um processo mental realizado por meio de imagens, sons e sensações. Há técnicas meditativas que utilizam a imaginação como estímulo para alcançar paz, relaxamento ou qualquer outro estado interno.

Quando realizar um exercício meditativo por meio da imaginação, coloque-se em primeira pessoa no contexto, ou seja, imagine-se como se você estivesse dentro da cena. Estimule todos seus canais de comunicação. Veja as imagens, ouça os sons e sinta os efeitos que a imaginação proporciona no seu corpo. Quanto mais real você conseguir imaginar a cena, mais fortes serão as sensações físicas.

Nossa mente não consegue distinguir o real do imaginário. Por exemplo, imagine-se pegando um limão bem verde. Você sente a textura da casca, traz o limão ao nariz e sente seu cheiro. Depois, pega uma faca e corta o limão ao meio. Leva uma de suas metades à boca e abocanha-o, deixando todo seu suco escorrer dentro de sua boca. Provavelmente, você deve ter salivado ao imaginar essa cena. O mesmo acontece quando você se imaginar num campo em meio à Natureza, na praia, na montanha ou em qualquer outro lugar real ou criado pela sua mente.

Massagem e Meditação

A massagem é um excelente recurso para aliviar as tensões do corpo, podendo servir como forma de meditação.

Hoje em dia existem diversas modalidades de massagem, por exemplo: *quick massage, shiatsu,* massagem ayurvédica, massagem tântrica, etc.

Nossa pele é o maior órgão do corpo humano. Ela é a fronteira que limita seu corpo físico e o separa do mundo externo. Nos dias atuais, o contato (com tato/com toque) entre pessoas vem diminuindo cada vez mais por questões culturais e tecnológicas. É sabido hoje em dia que esse contato é imprescindível para o desenvolvimento emocional e até mesmo físico do ser humano. Em uma experiência realizada na Universidade de Miami, bebês prematuros que receberam carícias tiveram um aumento de peso de 47% a mais do que bebês que não receberam esse tipo de estimulação.

Para que uma sessão de massagem seja prazerosa é importante deixar a respiração solta, levando sua atenção para a sensação do toque do(a) massagista. Pode ser que determinadas regiões do corpo estejam mais sensíveis que outras. Nessa postura de acolhimento e abertura é comum também que emoções reprimidas venham à tona. Não resista. Pode ser que você sinta vontade de chorar ou rir, mesmo sem ter uma razão aparente. Simplesmente vivencie a emoção de modo consciente. Após a emoção se dissipar, respire profundamente por alguns minutos a sensação de bem-estar e serenidade que surgir.

PARE E PERCEBA! Como você está se sentindo agora? Inspire profundamente algumas vezes e tome consciência da sensação e do sentimento que estão presentes neste exato momento.

Sexo e Meditação

O sexo ainda é um tabu em nossa sociedade por causa dos inúmeros preconceitos oriundos de uma educação repressora e da falta de informação e conhecimento.

O sexo é a fonte de toda a vida. Apesar de hoje em dia existirem pessoas que não foram concebidas por meio do sexo – veja os casos de inseminação artificial –, a maioria delas foi gerada a partir de uma relação sexual. Portanto, não há nada mais natural que o sexo.

A relação sexual também é um estímulo que pode trazer as pessoas para o aqui e agora. Os toques, os olhares, as carícias, a sensação de prazer e o próprio orgasmo ajudam a desenvolver o estado de presença. Nesse momento, é importante deixar as palavras e os pensamentos de lado, focando a atenção simplesmente nas sensações físicas do contato de pele com pele e os olhos nos olhos.

Mantenha a respiração solta e se entregue para as sensações e para o(a) parceiro(a). Talvez venham pensamentos que podem tirar o foco do momento presente. Ao notar tais pensamentos, volte sua atenção para as sensações do seu corpo. Sinta e vivencie plenamente o aumento da sensação de prazer que culminará naturalmente em um orgasmo.

Morte e Meditação

A morte é a única certeza da Vida. Não temos como saber quando ou em quais circunstâncias ela ocorrerá, mas todos têm a garantia de que um dia ela virá. A morte representa o desconhecido e a própria insegurança da Vida. É o fim de uma jornada. O que acontece e se acontece algo depois com sua consciência é passível de discussões, debates, especulações e teorias.

Para quem vive no momento presente, o que após a morte não é mais importante. Pode haver inferno, paraíso, umbral, astral, bardos ou pode ser que não exista absolutamente nada após a morte. Quem está em meditação está em paz com todas as possibilidades, pois se encontra aberto e em contato com tudo que acontece.

A prática de viver o momento presente pode ser um treinamento para aqueles que ainda se sentem incomodados quando o tema é a morte. Aceitar essa condição natural da vida humana é essencial para alcançar a paz interior.

O exercício a seguir pode ser praticado para desenvolver a habilidade de ficar em paz com a própria morte. É normal no começo que a pessoa sinta alguma resistência com relação ao tema ou ao exercício. Tais resistências podem surgir a partir de crenças e preconceitos limitantes no que diz respeito à morte. Experimente praticar por alguns dias e perceber os efeitos no seu cotidiano.

Aceitando a própria morte

1. Ao se deitar para dormir, relaxe o corpo e verbalize mentalmente: "Agora eu morro".

2. Imagine-se morrendo e entregue-se para as sensações e sentimentos que possam surgir.

3. Deixe quaisquer pensamentos surgirem sem alimentá-los ou questioná-los.

4. Permaneça sentindo sua energia diminuir enquanto você começa a dormir.

5. Ao acordar de manhã, mexa levemente o corpo, espreguice e boceje.

6. Respire profundamente por alguns minutos registrando a sensação de estar vivo.

7. Perceba a Vida em seu corpo, respire profundamente e diga: "Agora eu vivo".

PARE E PERCEBA! Como você está se sentindo agora? Inspire profundamente algumas vezes e tome consciência da sensação e do sentimento que estão presentes neste exato momento.

Dor e Meditação

Muitas vezes somos levados a enfrentar momentos de dor em nossas vidas. Não temos como saber ou antecipar quando esses instantes acontecerão, mas podemos aprender a lidar com a dor para que o sofrimento seja o menor possível, tendo a possibilidade de sair da situação ainda mais fortes e flexíveis.

A dor pode ter causas físicas ou emocionais. Pode ser resultado de alguma doença, de algum estímulo externo, como também pode ser causada pelo sentimento de perda, medo, angústia ou qualquer outra emoção.

A sensação de desconforto e incômodo pode fazer com que o corpo fique estressado ou tenso, não importando qual seja sua causa. A dor revela que algo não está certo com seu corpo ou com você. Caso seja seu corpo físico que esteja sendo machucado, é importante encontrar a causa para que você não sofra nenhuma lesão. Quando seu corpo reencontrar o equilíbrio e a saúde, a dor desaparecerá naturalmente.

Mesmo que já tenha tomado as devidas providências para lidar com a causa da dor e não havendo mais nada a ser feito para diminuí-la, você tem duas opções que pode adotar:

- Pode resistir e lutar contra a dor, porém lembre-se de que toda resistência causa tensão. Tal atitude acarretará ainda mais estresse, podendo aumentar a intensidade da dor e do sofrimento.

- Ou pode ficar "amigo" da dor. Saber que ela está presente para uma finalidade. Entre em contato com a dor e deixe que ela atue em você, acolhendo a sensação e respirando de modo consciente. Respirar na dor é uma técnica excelente que trará mais consciência e mudará sua percepção do desconforto. Um recurso é respirar na dor, imaginando o ar entrando e saindo pela região afetada.

Alimentação e Meditação

Cada pessoa é única e possui diferentes gostos e necessidades. A alimentação é uma das principais fontes de energia para nosso corpo. Existem alimentos que comprovadamente fazem mal à saúde quando ingeridos em excesso.

Entretanto, nosso corpo tem uma inteligência própria que dá sinais quando algum alimento não é adequado para nós. Muitas vezes, só o fato de ver algum tipo de alimento pode causar mal-estar ou alguma sensação de incômodo. Em outras, somente após a ingestão podemos perceber os efeitos daquele tipo de comida.

As reações também podem variar conforme o dia e nossa idade. Alimentos que antes eram digeridos tranquilamente pelo nosso organismo podem começar a gerar desconforto depois de certa idade. A atenção e a conexão consigo mesmo são fundamentais para manter-se saudável com sua alimentação.

O paladar também é um excelente estímulo que pode ser usado como técnica meditativa. Experimente saborear cada alimento, mastigando-o lentamente. A velocidade com que você se alimenta pode mudar toda a experiência da alimentação. Seu paladar ficará mais aguçado e sensível. Perceba o sabor, a textura e a consistência daquilo que você come.

Outra forma de tomar consciência de sua alimentação é por meio do conhecimento de informações factuais e concretas sobre os alimentos que você ingere. Cuidado com as propagandas ou com aquilo que é vendido pelo senso comum. Há diversos alimentos que são comercializados e vendidos muito mais pelo interesse econômico do que pela sua qualidade nutritiva e benéfica ao nosso organismo.

Transtornos Mentais e Meditação

Não há contraindicações para a prática da meditação como estado de presença. A meditação o ajudará a entrar em contato com seu corpo e com sua mente. Ao perceber e estar consciente dos estados da mente e do corpo, você poderá lidar com quaisquer sintomas que se apresentam nos quadros de transtornos mentais.

Os chamados transtornos ou distúrbios mentais são rótulos definidos pela classe psiquiátrica para um conjunto de sintomas que se apresentam na vida cotidiana da pessoa. Não há nenhum exame laboratorial que diagnostique ou comprove que uma pessoa possui qualquer transtorno mental. O diagnóstico acaba sendo uma opinião médica que pode variar de profissional para profissional com base no *Manual Diagnóstico e Estatístico de Transtornos Mentais* (*Diagnostic and Statistical Manual of Mental Disorders – DSM*).

Os sintomas de tais transtornos podem ser esporádicos, entretanto, quando você aceita um rótulo de um transtorno mental, sua mente pode criar a percepção de que tais sintomas são contínuos. Tenha em mente que todo rótulo é uma tentativa de eternizar o momento presente, enquanto o ser humano é criação contínua, ou seja, está em constante processo de mudança e transformação.

Meditação e ansiedade

A ansiedade e os transtornos associados a esse sentimento vêm afligindo cada vez mais pessoas em todo o mundo.

Esse sentimento é caracterizado principalmente por pensamentos associados a preocupações com relação ao futuro, dores no peito, palpitações no coração, presença de pensamentos negativos, falta de ar, insônia, tensões musculares e agitação de pernas e braços, entre outros.

Esses sintomas podem surgir separadamente ou em conjunto.

A meditação ajuda você a lidar com a ansiedade e seus sintomas, pois desenvolve a consciência dos pensamentos que podem ser os gatilhos que os desencadeiam.

Ao tomar consciência de tais pensamentos, simplesmente adote a atitude de observá-los sem questioná-los ou se apegar a eles, e traga a atenção também para as sensações que se apresentam no corpo, mantendo a respiração solta e suave.

Acolha qualquer emoção, lembrança ou pensamento que surgir sem resistir a eles.

Lembre-se de que ninguém morre de ansiedade e de que, ao dar atenção a tudo que se manifesta em seu corpo e em sua mente, você também dá a oportunidade de trabalhar essas questões de forma natural.

Com a prática, você desenvolverá cada vez mais a capacidade de estar presente no aqui-agora sem se *pré-ocupar* com o que pode acontecer no futuro e, consequentemente, dissolvendo quaisquer sintomas relacionados à ansiedade.

O mesmo se aplica à Síndrome ou Transtorno de Pânico.

Meditação e depressão

A depressão é outro transtorno que igualmente vem afligindo milhares de pessoas no Brasil e no mundo. Muitas vezes, ela também pode vir acompanhada dos sintomas da ansiedade.

Há inúmeros fatores que podem desencadear o estado depressivo, como traumas passados, estresse, alimentação, medicamentos e mudanças de vida.

Muitas vezes, é comum que o estado depressivo também esteja associado a arrependimentos relacionados ao passado.

As técnicas de meditação ativa e mista são as mais indicadas para o estado depressivo, pois também ativam a energia corporal por meio do movimento.

Tomar consciência dos pensamentos que surgem sem se apegar a eles é também essencial para dar novo significado à história de quem está vivenciando essa situação.

Praticar uma atividade física moderada ou intensa, juntamente com o estado de meditação ou alguma das técnicas meditativas, potencializa ainda mais seu efeito no combate da depressão.

Iluminação, Êxtase e outros Rótulos

Quando se fala sobre meditação, é muito comum ouvir também o termo "iluminação" associado a essa prática. Esse termo nada mais é do que um rótulo para descrever um estado expandido de consciência. Cada filosofia ou cultura possuem um termo com significado similar, como por exemplo *nirvana*, *samadhi*, *satori* ou êxtase.

Os estados de consciência são transitórios. Nossa percepção do mundo se alterna em diferentes estados de consciência. Por exemplo, há dois estados de consciência nos quais estamos sempre transitando: o do sono profundo e o de vigília. Quando uma pessoa está sob o efeito de alguma droga ou alucinógeno, também está em estado alterado de consciência.

O estado expandido de consciência vai além das palavras. É um estado que pode somente ser vivenciado. Qualquer descrição estaria longe da realidade. Seria o mesmo que tentar descrever o sabor do chocolate para alguém que nunca o provou. As descrições das pessoas que vivenciaram esse estado podem ser diferentes, pois a mente tende a interpretar e analisar a vivência com base em sua própria cultura, crença e experiência pessoal.

Metáfora

Um viajante caminhava numa bela trilha em meio à Natureza e se deparou com uma cena inusitada. Viu uma pessoa sentada na base de uma cachoeira, meditando. Pelas suas expressões faciais, tal pessoa estava vivenciando profundo estado de prazer e êxtase. Ao lado dela, havia um diabinho apenas contemplando a cena. O viajante ficou intrigado e questionou o diabinho:

– Esta pessoa está vivendo uma experiência transcendental em perfeita integração com o Todo. Você não vai fazer nada para atrapalhar?!

O tranquilo diabinho respondeu:

– Eu não preciso fazer nada, pois logo ele tentará analisar a experiência...

PARE E PERCEBA! Como você está se sentindo agora? Inspire profundamente algumas vezes e tome consciência da sensação e do sentimento que estão presentes neste exato momento.

Frequência, Intensidade e Duração

Há três aspectos importantes e fundamentais no aprendizado de qualquer habilidade: frequência, intensidade e duração. O estado de presença e meditação pode ser desenvolvido levando também em consideração esses três aspectos.

No início de qualquer prática, o aspecto mais importante é a frequência, ou seja, perceber-se presente diversas vezes ao dia. Com isso, o estado de presença se tornará um hábito. Você também pode fazer o mesmo praticando as diversas técnicas fornecidas neste livro durante o dia.

O segundo aspecto importante é a intensidade, ou seja, o quanto você põe de intenção durante a prática. Focar 100% de sua atenção naquilo que você está fazendo é essencial para assimilar o aprendizado.

E o terceiro aspecto que potencializará o aprendizado é a duração, ou seja, quanto tempo você permanece praticando a nova habilidade. Entretanto, lembre-se de que os efeitos serão mínimos se você praticar apenas por um longo período (duração), mas não houver a intensidade ou a frequência adequadas.

Parte 2: Prática

Os Três Tipos de Técnicas Meditativas

As técnicas ou os exercícios meditativos podem ser classificados, basicamente, em três tipos: técnicas de meditação passiva, técnicas de meditação ativa e técnicas de meditação mista.

Técnicas de meditação passiva

As técnicas de meditação passiva são as mais conhecidas e divulgadas. Elas se caracterizam pela imobilidade do corpo, ou seja, pela ausência de movimentos físicos durante o exercício. As duas mais conhecidas são aquelas que utilizam a repetição de mantras e as que usam a respiração como objeto de foco da meditação.

Muitas pessoas sentem dificuldades ao praticar esse tipo de técnica por adotarem uma vida sedentária. Essas técnicas foram difundidas há algumas centenas ou até milhares de anos por pessoas que viviam em uma cultura em que o ambiente exigia esforço físico regular. Isso fazia com que, depois de um dia exaustivo de movimento físico moderado ou intenso, fosse natural e fácil ficar com o corpo imóvel. Atualmente, muitas pessoas trabalham fechadas em escritórios ou salas e não precisam caminhar muito para se locomover durante o dia. Isso faz com que o corpo acumule energia que precisa ser extravasada de alguma forma. Por isso, as técnicas de meditação passiva podem não ser a melhor escolha para se iniciar a prática da meditação.

Técnicas de meditação ativa

Já as técnicas de meditação ativa são aquelas caracterizadas pela presença de movimentos físicos. Por isso, as práticas como aikido, tai chi chuan e yoga podem também ser consideradas técnicas de meditação ativa. Na verdade, qualquer exercício que movimente alguma parte do corpo durante o processo de autopercepção é considerado uma técnica ativa.

Técnicas de meditação mista

As técnicas de meditação mista são aquelas que integram o movimento corporal com a imobilidade física durante o exercício. Para que uma técnica de meditação ativa se torne mista, por exemplo, basta ficar alguns minutos imóvel e em silêncio após a movimentação física.

Essas técnicas de meditação são as mais completas, porque proporcionam a oportunidade de treinar a autopercepção não somente quando o corpo está em movimento, mas também quando ele está imóvel.

Exercícios Meditativos

Os exercícios apresentados a seguir servem para ajudá-lo a praticar a observação de si mesmo e a autopercepção. Os efeitos de cada exercício podem variar de pessoa para pessoa, por isso é importante que você os pratique por determinado período e frequência para perceber qual efeito eles têm sobre você.

Se algum exercício gerar qualquer incômodo ou desconforto, lembre-se de trazer a atenção para seu corpo, aprofundar a sensação e soltar a respiração. O incômodo irá passar depois de algum tempo. É importante saber diferenciar o desconforto causado pela mente e o causado por algum estímulo físico.

Um incômodo causado pela mente, que é muito comum para quem está iniciando, é a sensação de coceira que surge em alguma região do corpo. Ela tende a passar quando levamos nosso foco para a sensação e apenas a observamos. Já a dor causada por um estímulo físico é um sinal natural de que algo está machucando seu corpo, como é o caso das dores de pescoço ou coluna causadas pela má postura.

Meditação da Respiração Natural

Prestar atenção na respiração é uma das técnicas mais básicas e divulgadas quando se fala em meditar. A respiração está sempre acontecendo em nosso corpo e pode servir como uma âncora para o momento presente. Na respiração natural, a inspiração e a expiração fluem com leveza, suavidade e naturalidade.

1. Coloque-se em uma posição confortável (deitado, sentado ou em pé).

2. Feche os olhos e traga sua atenção para as narinas.

3. Perceba o ar entrando e saindo.

4. Não tente alterar ou controlar a respiração.

5. Apenas permita que ela aconteça e flua naturalmente.

6. Caso sua mente se perca em pensamentos, imagens ou ruídos externos, volte novamente sua atenção para a respiração.

7. Permaneça assim entre 10 e 15 minutos ou pelo tempo que achar necessário.

Técnica da Respiração Abdominal ou Diafragmática

1. Coloque suavemente uma mão sobre o abdome e a outra sobre o peito.

2. Inspire lentamente pelo nariz, inflando o abdome.

3. Sinta o abdome se expandir.

4. Expire suavemente, sem forçar o ar para fora, deixando que seu abdome se contraia de modo natural.

5. Repita o ciclo por alguns minutos.

6. Volte à respiração natural por mais alguns minutos, percebendo qual o efeito deste exercício em você.

Técnica da Respiração Torácica

1. Coloque suavemente uma mão sobre o abdome e a outra sobre o peito.

2. Inspire lentamente pelo nariz, levando o ar para o alto do peito.

3. Perceba seu tórax se expandir.

4. Expire suavemente, sem forçar o ar para fora, e relaxe a região torácica.

5. Repita o ciclo por alguns minutos.

6. Volte à respiração natural por mais alguns minutos, percebendo qual o efeito deste exercício em você.

Técnica de Respiração com Movimento

1. Esta é uma técnica que utiliza o movimento do corpo associado à respiração.

2. Fique em pé com as pernas afastadas na largura dos ombros e os braços soltos ao lado do corpo.

3. Flexione levemente os joelhos.

4. Preste atenção alguns minutos em seu corpo e em sua respiração.

5. Inspire lentamente, enquanto eleva os braços na lateral do corpo de forma natural.

6. Expire lentamente, enquanto solta os braços ao longo do corpo.

7. Sincronize o movimento dos braços com a respiração até que o corpo entre no movimento naturalmente.

8. Permaneça repetindo este ciclo de respiração com a movimentação dos braços entre 10 e 15 minutos ou até que você sinta a necessidade.

9. Pare gradualmente o movimento e mantenha a respiração natural.

10. Permaneça mais alguns minutos prestando atenção na respiração e no corpo.

11. Acolha sem resistência qualquer sensação, sentimento ou pensamento que surgir.

Você pode substituir a elevação dos braços por qualquer outro movimento corporal. O importante é associar a inspiração com um movimento e a expiração com outro.

Bônus Grátis

Cadastre-se para receber esta aula em vídeo: <http://www.comomeditar.com.br/bonus-livro>.

Complemento: respiração e visualização

Outro recurso que pode ser associado à respiração é a visualização. Você pode imaginar o ar entrando por alguma parte ou por todo o corpo ao inspirar, e imaginar o ar saindo por outra parte ou por todo o corpo ao expirar. Há também a possibilidade de associar uma luz de qualquer cor enquanto o ar entra e sai de seu corpo.

Respiração Conectada

Este é um exercício que associa dois tipos de respirações diferentes (curta e rápida/longa e lenta). Ele tem o efeito de energizar ou tranquilizar algumas pessoas. As séries e o número de respirações rápidas ou curtas podem também variar. Experimente outras variações para perceber qual o efeito em você.

1. Sente-se em uma postura confortável e preste atenção em sua respiração por alguns segundos.

2. Expire lenta e suavemente até esvaziar os pulmões.

3. Faça quatro respirações **curtas e rápidas**, seguidas de uma respiração **longa e lenta**.

4. Durante a expiração longa e lenta, percorra mentalmente seu corpo da cabeça aos pés soltando qualquer tensão.

5. Repita as etapas três e quatro mais três vezes, totalizando 20 respirações.

6. Retorne à respiração natural (sem tentar controlar) e preste atenção em seu corpo e em sua mente por alguns minutos.

Meditação da Atenção Plena (*mindfulness*)

1. Sente-se em uma postura confortável com a coluna ereta e os pés firmes no chão.

2. Feche os olhos e leve sua atenção para as sensações físicas do seu corpo.

3. Perceba a respiração solta e fluida.

4. Percorra seu corpo da cabeça aos pés com sua atenção. Caso encontre alguma tensão, simplesmente expire e relaxe a região tensionada. Fique alguns minutos apenas prestando atenção em suas sensações.

5. Leve agora sua atenção para os sons. Deixe os sons do ambiente onde você se encontra chegarem até seus ouvidos. Perceba como eles afetam suas sensações e seus pensamentos. Expanda sua consciência auditiva para incluir os sons além do ambiente em que você está. Talvez você se dê conta de sons ainda mais distantes e que ainda não os tinha percebido.

6. Preste atenção agora em seus pensamentos. Deixe-os soltos em sua mente. Não questione, tire conclusões ou os interprete. Apenas os observe passando pela sua mente como nuvens que percorrem um imenso céu azul. Os pensamentos vêm, ficam um tempo e se vão. Perceba o silêncio entre cada pensamento.

7. Agora, traga sua atenção novamente para suas sensações. Sinta todo seu corpo vivo. Inclua em sua percepção os sons juntamente com as sensações do seu corpo. Por último, inclua também os pensamentos. Como seria perceber tudo isso de uma única vez? Estar consciente das sensações, dos sons e dos pensamentos?

8. Experimente agora abrir os olhos e incluir também os estímulos visuais, mantendo a consciência das sensações, dos sons e dos pensamentos. Permaneça alguns minutos nesse estado, em que você apenas observa tudo.

9. Respire profundamente três ou quatro vezes para registrar essa sensação em seu corpo e em seu cérebro.

Meditação em Movimento

O conceito básico deste exercício é deixar pelo menos uma parte do seu corpo ou todo ele em constante movimento.

No começo, você talvez tenha de pensar em qual movimento irá realizar.

Depois de alguns minutos, os movimentos brotarão naturalmente e seu corpo será levado pelo movimento: você será o movimento.

Ao chegar a esse estágio, apenas perceba seu corpo e as sensações que ele proporciona. Lembre-se de manter a respiração sempre solta.

Inicie na postura em pé

1. Coloque uma música ou apenas perceba os sons do ambiente.

2. Traga atenção para seu corpo e comece a movimentá-lo livremente.

3. Varie os movimentos. Explore. Arrisque-se. Faça movimentos curtos, amplos, lentos e rápidos. Faça algo que nunca fez.

4. Experimente fazer com os olhos abertos ou fechados e note a diferença em seu estado de presença e atenção.

5. Pratique entre 10 e 15 minutos ou o quanto você achar necessário.

6. No final, diminua a velocidade dos movimentos até ficar completamente imóvel na postura em pé.

7. Permaneça mais cinco minutos imóvel apenas prestando atenção em seu corpo, na respiração e nos efeitos deste exercício.

8. Faça três ou quatro respirações lentas e profundas para registrar essa sensação em seu corpo e em seu cérebro.

Meditação da Vela

Utilizaremos um estímulo visual neste exercício. Você precisará apenas de uma vela acesa.

1. Em um ambiente com pouca iluminação, posicione a vela acesa a mais ou menos meio metro de distância à sua frente.

2. Sente-se confortavelmente com os pés firmes no chão e preste atenção na chama da vela, deixando os olhos piscarem naturalmente.

3. Deixe a respiração e os pensamentos soltos.

4. Apenas observe as sensações, sentimentos e pensamentos que surgirem.

5. Permaneça nesta meditação entre 10 e 15 minutos ou o quanto achar necessário.

6. Feche os olhos e traga a atenção para seu corpo, percebendo os efeitos deste exercício.

7. Faça três ou quatro respirações lentas e profundas para registrar essa sensação em seu corpo e em seu cérebro.

Meditação com Espelho

O estímulo visual deste exercício será sua própria imagem. Você necessitará apenas de um espelho que enquadre todo seu rosto.

1. Enquadre seu rosto no espelho.

2. Preste atenção no efeito de olhar para si mesmo. Perceba se é confortável ou desconfortável. Quais

pensamentos surgem na sua mente? Algum julgamento? Perceba o que acontece com sua respiração.

3. Experimente também olhar nos próprios olhos.

4. Sorria para si mesmo.

5. Olhando para si, faça um agradecimento dizendo: "Obrigado", e perceba qual o efeito dessa palavra em você.

6. Olhando para si, experimente dizer também: "Eu o aceito do jeito que você é", e perceba igualmente qual efeito essa frase tem em você.

7. Permaneça mais alguns minutos observando-se.

8. Caso perceba alguma tensão em seu corpo, solte o ar enquanto relaxa a parte do corpo que estiver tensa.

9. Deixe qualquer emoção e sentimento virem à tona, vivenciando-os consciente e plenamente.

10. Pratique entre 10 e 15 minutos ou o quanto achar necessário.

11. Depois feche os olhos e integre toda a experiência, percebendo em seu corpo quais foram os efeitos da prática.

12. Faça três ou quatro respirações lentas e profundas para registrar essa sensação em seu corpo e em seu cérebro.

Técnica com Mantras

Mantra é uma palavra em sânscrito que significa instrumento do pensamento. Muitas técnicas meditativas utilizam a repetição de mantras.

Qualquer som, palavra ou frase pode ser um mantra. Caso utilize uma palavra ou frase, você pode usar os conceitos da Programação Neurolinguística (PNL) e escolher uma palavra ou frase que tenha um significado importante ou de real valor para você.

Caso utilize uma frase como mantra, não use verbos conjugados no passado ou no futuro. Só utilize verbos no presente.

Também não utilize mantras com a palavra "não". Nossa mente não possui uma referência simbólica para essa palavra, mas possuirá uma referência da palavra que a seguir. Por exemplo, no mantra "Não sou doente", nossa mente ignorará a palavra "não" e trará uma imagem ou referência para a palavra "doente".

Portanto, lembre-se: se for uma frase, é importante que ela esteja no presente e seja afirmativa.

Exemplos de frases que podem ser utilizadas como mantras:

- Sou saudável.

- A vida é bela.

Uma pergunta também pode ser utilizada como mantra:

- Quem sou?

Agora vamos à técnica:

1. Escolha um mantra conforme as indicações da técnica.

2. Repita o mantra mental ou verbalmente.

3. Deixe a mente livre para qualquer tipo de pensamento.

4. Repita novamente o mesmo mantra.

5. Permaneça neste ciclo mantra-pensamentos entre 10 e 15 minutos ou o quanto achar necessário.

Não há tempo específico entre as repetições dos mantras. Quando você pensar no mantra, repita-o apenas.

É importante permanecer com o mesmo mantra durante todo o exercício. Caso sua mente surja com um mantra que considere melhor, utilize-o apenas em outra ocasião.

Meditação Caminhando

Você pode praticar esta técnica em qualquer local. Ela utiliza o caminhar como estímulo para a meditação.

1. Comece a caminhar em um ritmo natural, em um local amplo.

2. Perceba como você dá cada passo.

3. Traga a atenção para seu estado interno e para sua respiração.

4. Permaneça caminhando nesse ritmo por cinco minutos.

5. Diminua gradualmente a velocidade de cada passo até caminhar o mais lento possível, mas sem parar.

6. Perceba o que muda em você. É confortável ou desconfortável? Há alguma tensão que se forma em seu corpo?

7. Aumente a velocidade até voltar ao ritmo natural.

8. Perceba novamente o que mudou.

9. Comece agora a caminhar com passos mais rápidos, como se você estivesse com pressa de chegar a algum lugar.

10. Permaneça caminhando nesse ritmo por cinco minutos.

11. Perceba o que muda. O que acontece com seus pensamentos? É mais ou menos confortável?

12. Diminua a velocidade até voltar novamente ao ritmo natural.

13. Permaneça mais cinco minutos caminhando no ritmo natural.

14. O que mudou?

15. Pare de caminhar gradualmente e traga a atenção para você.

16. Permaneça alguns minutos com a respiração natural, integrando a experiência.

17. Faça três ou quatro respirações lentas e profundas para registrar essa sensação em seu corpo e em seu cérebro.

Reconectando-se à Origem da Vida

Este é um exercício baseado no trabalho de Constelações Familiares. Ele tem o objetivo de gerar confiança, força e energia vindas de nossos ancestrais.

1. Sente-se em uma posição confortável com os dois pés firmes no chão.

2. Imagine seus pais atrás de você. Não importa se os conhece ou não, se eles estão vivos ou não. Você pode sentir a presença deles, visualizá-los atrás de si ou simplesmente dizer: "Meus pais estão atrás de mim".

3. Coloque agora seus avós atrás dos seus pais. Os pais dos seus pais.

4. Depois coloque os seus bisavós atrás de seus avós.

5. Vá colocando geração atrás de geração, pais atrás de pais, e perceba o quão rápido o número de pessoas cresce atrás de você.

6. Por meio dessa linhagem, sinta-se conectado à origem de onde a Vida começou e imagine vindo lá de trás uma energia, uma força de vida que foi passada de geração para geração.

7. Perceba essa energia chegar da sua própria forma até você.

8. Sinta-a preenchendo todo o seu corpo dos pés à cabeça.

9. Respire profundamente por alguns minutos essa sensação.

10. Se você tem filhos ou filhas, deixe essa força fluir também por você até chegar a eles.

11. Se você não tem filhos ou filhas, deixe também que essa força flua por você e chegue às pessoas com as quais convive no dia a dia.

12. Faça três ou quatro respirações profundas e lentas, registrando essa sensação em seu corpo e em sua mente.

Meditação em Dupla

Esta é uma meditação para ser realizada em dupla. Você utilizará a presença de outra pessoa como estímulo para o exercício.

1. Sente-se em frente ao parceiro(a).

2. Fechem os olhos e percebam como estão se sentindo.

3. Com a respiração solta, abram os olhos e encarem-se.

4. Mantenham o contato visual com olhos nos olhos.

5. Deixem a respiração natural e permaneçam presentes a quaisquer sensações ou sentimentos que surgirem.

6. Acolham tudo que surgir.

7. Permaneçam de 10 a 15 minutos ou o quanto acharem necessário nessa conexão.

8. Fechem os olhos e tragam novamente a atenção para si mesmos.

9. Percebam se há alguma tensão presente no corpo. Em caso positivo, soltem o ar enquanto relaxam a região tensionada.

10. Façam três ou quatro respirações profundas e lentas, registrando essa sensação em seus corpos em suas mentes.

Meditação com Estímulo Auditivo

Neste exercício, o foco será o canal auditivo. Alguns sons ou músicas podem despertar sentimentos que foram de alguma forma associados a tal estímulo. Lembre-se de manter a respiração natural enquanto vivencia toda a experiência.

1. Escolha alguns sons ou algumas músicas do seu agrado com duração de aproximadamente 10 a 15 minutos.

2. Deite-se em uma posição confortável, feche os olhos e preste atenção nos sons ou na música.

3. Permaneça aberto e acolha quaisquer sensações, sentimentos e pensamentos que surgirem.

4. Depois que os sons acabarem, permaneça em silêncio por alguns minutos focando a atenção em você.

5. Faça três ou quatro respirações lentas e profundas, registrando essa sensação no seu corpo e em sua mente.

Mobilização Básica de Energia

Esta técnica é baseada no conceito de que também somos energia, e é divulgada pelo Instituto Internacional de Projeciologia e Conscienciologia (IIPC).

É essa energia que mantém nosso corpo vivo e funcionando. Podemos validar esse conceito pelo simples fato de que nosso corpo emite calor, e esse calor é energia. Quando morremos, essa energia se esvai e nosso corpo se esfria. A energia circula por dentro e fora do nosso corpo. Se esfregarmos as palmas das mãos rapidamente e, em seguida, aproximarmos uma das mãos perto do rosto, sentiremos o calor (energia) da nossa mão, mesmo que não haja o contato físico. Portanto, a energia envolve todo nosso corpo. Este exercício é composto de três partes. Cada uma delas pode ser utilizada como um exercício de meditação por si só, ou pode ser realizada em conjunto.

Circulação de energia

1. Traga a atenção para seu corpo.

2. Por meio da sua intenção e vontade, concentre sua energia no topo da cabeça. Você pode imaginar ou visualizar essa energia se formando nessa região.

3. Com sua intenção, leve a energia para baixo, em direção aos pés, passando por dentro e por fora do corpo.

4. Quando a energia chegar à sola dos pés, faça com que ela percorra o caminho contrário em direção ao topo da cabeça.

5. Mantenha esse movimento de energia e aumente gradualmente a velocidade.

6. Permaneça nessa circulação de energia até atingir um estado de vibração e presença, como se todo seu corpo estivesse vibrando.

7. Aumente essa vibração com sua intenção e vontade.

8. Permaneça nesse estado de vibração por cinco minutos ou pelo tempo que achar necessário.

9. Gradualmente pare a circulação de energia até voltar ao estado natural.

10. Faça três ou quatro respirações profundas e lentas para registrar essa sensação em seu corpo e em sua mente.

Exteriorização de energia

1. Traga a atenção para seu corpo.

2. Por meio de sua intenção e vontade, faça com que sua energia se expanda por cada poro do seu corpo.

3. Expanda sua energia pelo topo da cabeça, pelas solas dos pés, pelo rosto, pelas costas, pelo peito, como se você fosse um grande sol.

4. Preencha com sua energia todo local em que você se encontra.

5. Permaneça exteriorizando sua energia por cinco minutos ou pelo tempo que achar necessário.

6. Gradualmente pare a exteriorização até voltar ao estado natural.

7. Faça três ou quatro respirações profundas e lentas para registrar essa sensação em seu corpo e em sua mente.

Absorção de energia

1. Traga a atenção para seu corpo.

2. Imagine-se em um lugar em meio à Natureza ou mantenha a consciência do local em que você se encontra. Caso imagine outro ambiente, este pode ser real ou fictício.

3. Por meio da sua intenção e vontade, absorva a energia neutra desse local por cada poro do seu corpo.

4. Absorva pelo topo da cabeça, pelas solas dos pés, pelo rosto, pelas costas, pelo peito, como se você fosse uma grande esponja.

5. Permaneça por cinco minutos absorvendo essa energia e sentindo seu corpo se revigorar.

6. Gradualmente pare a absorção de energia até voltar ao estado natural.

7. Faça três ou quatro respirações profundas e lentas para registrar essa sensação em seu corpo e em sua mente.

Meditação Dinâmica: Osho

Esta meditação foi desenvolvida pelo guru indiano conhecido pelo nome de Osho. É um exercício vigoroso e catártico. O objetivo é liberar tudo que está preso no corpo, para que então a mente possa encontrar a serenidade.

Cada estágio possui um tempo de duração específico. Você pode utilizar suas próprias músicas em cada estágio ou realizar o exercício com o som ambiente.

Primeiro Estágio (Respiração Caótica/Música Agitada):

10 minutos

1. Fique de pé com os dois pés bem firmes no chão.

2. Respire vigorosamente pelo nariz ou pela boca de forma caótica: ora forçando a inspiração, ora forçando a expiração. Faça isso tão rápido e tão firmemente quanto possível.

3. Continue até que todo seu corpo se torne a respiração.

4. Deixe o corpo livre para se movimentar junto com a respiração.

5. Mantenha o foco em seu corpo e em sua respiração por 10 minutos continuamente.

Segundo Estágio (Aja como Louco/Música Agitada): 10 minutos

1. Exploda!

2. Expresse tudo que precisa ser jogado fora. Fique totalmente louco. Grite, berre, chore, salte, sacuda, dance, cante, ria, jogue-se para os lados.

3. Não segure nada, mantenha todo seu corpo em movimento. Representar um pouco no princípio ajuda. Não permita que sua mente interfira com o que está acontecendo. Seja total, de todo coração.

Terceiro Estágio (Aterramento): 10 minutos

1. Fique em pé com os pés paralelos na largura dos ombros.

2. Com os braços erguidos, fique na ponta dos pés e bata os dois calcanhares no chão enquanto grita o mantra "RU" tão forte e profundamente quanto possível, cada vez que os calcanhares baterem no chão.

3. Deixe a vibração do mantra RU e o movimento de batida de calcanhares no chão se expandirem por todo o seu corpo.

4. Dê tudo que puder, não segurando nada.

Quarto Estágio (Silêncio/Sem Música): 15 minutos

1. Pare!

2. Congele onde quer que você esteja, mantendo os braços erguidos.

3. Não ajeite seu corpo de maneira nenhuma. Caso os braços comecem a cansar, abaixe-os de forma lenta e depois retome a posição novamente.

4. Seja uma testemunha de tudo que aconteça com você. Permaneça em silêncio.

**Quinto Estágio (Celebração/Música do seu Gosto):
15 minutos**

1. Solte todo seu corpo dançando livremente.

2. Sinta cada parte do seu corpo, da respiração e de tudo que acontece dentro e fora de você.

3. Permaneça nessa celebração por 15 minutos.

4. Diminua de maneira lenta o ritmo da dança até parar completamente.

5. Faça três ou quatro respirações profundas e lentas para registrar essa sensação em seu corpo e em sua mente.

Meditação Dinâmica Vibracional

Este exercício utiliza a fadiga muscular para desenvolver a consciência e a percepção do corpo.

1. Fique em pé com as pernas abertas na largura dos ombros e os joelhos dobrados até criar tensão nos músculos do quadríceps (coxa).

2. Permaneça nesta posição mantendo a respiração natural por 40 minutos ou até quando o corpo aguentar.

3. Perceba a tensão acumulando-se e uma vibração tomar conta de todo seu corpo.

4. Depois dos 40 minutos ou quando chegar ao seu limite, estique lentamente os joelhos, percebendo todas as sensações tomarem conta do seu corpo.

5. Permaneça mais alguns minutos curtindo o efeito do exercício e acolhendo tudo que emergir.

6. Faça três ou quatro respirações profundas e lentas para registrar essa sensação em seu corpo e em sua mente.

Meditação *Shaking* (Chacoalhar)

Este exercício é utilizado em diversas culturas, inclusive em algumas linhas terapêuticas. Ele ajuda a trazer consciência corporal, além de soltar os músculos e as articulações.

1. Fique em pé com as pernas abertas na largura dos ombros, e os joelhos levemente flexionados.

2. Deixe os braços soltos ao longo do corpo.

3. Com um leve movimento de flexão nos joelhos, comece a chacoalhar todo o corpo, mantendo os pés firmes no chão e a respiração solta.

4. Permaneça nessa movimentação entre 10 a 20 minutos ou o quanto achar necessário.

5. Gradualmente diminua a movimentação até parar por completo.

6. Permaneça na respiração natural e traga a atenção para o corpo, acolhendo qualquer sensação, sentimento ou pensamento que emergirem.

7. Faça três ou quatro respirações profundas e lentas para registrar essa sensação em seu corpo e em sua mente.

Relaxamento Progressivo

1. Deite-se confortavelmente com as costas no chão.

2. Mantenha a respiração natural durante todo o exercício.

3. Contraia levemente os músculos do seu pé esquerdo e relaxe. Faça o mesmo com o pé direito, percebendo a sensação de relaxamento.

4. Contraia levemente os músculos da perna esquerda e relaxe. Faça o mesmo com a perna direita, percebendo a sensação de relaxamento.

5. Solte o peso do quadril.

6. Contraia levemente os músculos do abdome e relaxe.

7. Faça o mesmo com a mão esquerda, a mão direita, o braço esquerdo, o braço direito, a região peitoral, os ombros, o pescoço e os músculos do rosto.

8. Sinta todo seu corpo relaxado. Você poderá percebê-lo leve ou pesado.

9. Permaneça nesse estado entre 10 a 15 minutos, respirando consciente e profundamente essa sensação.

Verborragia

Esta é uma técnica muito eficaz quando você estiver com muitos pensamentos afligindo-lhe a mente. Ela utiliza a comunicação verbal e a corporal.

1. Fique em pé e comece a fazer movimentos aleatórios e a emitir sons sem significado. Exemplo: "laaa brrrr ziii ottttt iuuuuuepppaaaa daaasiii di, etc.".

2. Permaneça movimentando-se e emitindo esses sons continuamente de 5 a 10 minutos ou o quanto achar necessário.

3. Pare de uma vez, deixando a respiração solta e percebendo o efeito do exercício em seu corpo e em sua mente.

4. Permaneça alguns minutos em silêncio acolhendo tudo que vier à tona.

5. Faça três ou quatro respirações profundas e lentas para registrar essa sensação em seu corpo e em sua mente.

Meditação no Cotidiano

O estado de presença e meditação também pode ser praticado em qualquer momento e local. Você pode meditar dirigindo, cozinhando, lavando louças, tomando banho, comendo ou realizando qualquer outra atividade. Basta estar totalmente atento, mantendo uma respiração natural e percebendo o que acontece em você. Os exercícios aqui mencionados são ferramentas que o ajudarão a praticar e viver esse estado em seu cotidiano, alcançando assim maior plenitude, satisfação e paz interior em sua vida.

Quando estiver fazendo suas compras no supermercado, caminhando pela rua ou simplesmente aguardando na fila de algum evento, experimente trazer a atenção para si mesmo e se perceber em todos os níveis. Com a prática, você se sentirá cada vez mais conectado com seu próprio corpo e com a vida à sua volta.

E Agora? Como Começar a Meditar?

Na verdade, você já começou a meditar se chegou até aqui. As práticas do PARE são em si exercícios de meditação que já começaram a desenvolver em você o hábito da autopercepção e de estar presente no aqui-agora. Continue fazendo esse exercício diversas vezes ao dia ou sempre que se lembrar dele.

Cinco Passos para Manter sua Prática

Agora irei compartilhar cinco passos essenciais para você dar continuidade em seu desenvolvimento por meio da arte de viver o presente:

Passo 1

Tenha um propósito real e forte. Conscientize-se do porquê você deseja fazer da meditação um hábito em sua vida. Depois de algum tempo de prática e com seu próprio desenvolvimento, é natural que o propósito se torne a própria prática em si, ou seja, estar presente pelo simples prazer de se sentir presente.

Passo 2

Escolha uma técnica ou exercício com os quais você mais se identifica. No começo, é importante escolher a técnica mais confortável para você. Com o tempo de prática, você desenvolverá a capacidade de realizar qualquer um dos exercícios mencionados neste livro.

Passo 3

Foque na intensidade e na frequência do exercício. A duração é o elemento menos importante no começo. Nessa fase, é importante que você pratique diversas vezes ao dia com total atenção. Lembre-se de que a qualidade é mais importante do que a quantidade de tempo dedicado ao exercício.

Passo 4

Faça exercícios do PARE diversas vezes em seu dia para registrar em seu corpo e em sua mente, em especial, os momentos de tranquilidade que muitas vezes passam despercebidos. Com essa prática, você tomará cada vez mais consciência de que eles são muito mais presentes do que você imaginava.

Passo 5

Coloque em Ação. De nada adianta todo esse conhecimento se ele ficar apenas em sua mente. Pratique e curta sua prática. Isso fará com que você perceba os resultados cada vez mais rápidos e frequentes.

Dúvidas mais Frequentes

1. **Por quanto tempo devo fazer os exercícios meditativos?** Os exercícios podem ser feitos pelo tempo que você se sentir presente e confortável enquanto pratica. Você pode colocar um *timer* em 5, 10, 15 ou 20 minutos apenas para limitar sua prática caso tenha algum compromisso depois, mas se começar a sentir

algum estresse, desconforto ou incômodo que o estejam fazendo brigar com a prática, então pare e volte a fazê-la em outro momento. Lembre-se de que a intensidade e a frequência são mais importantes que a duração.

2. **Qual o melhor horário para praticar?**

   O melhor horário é aquele no qual você está bem disposto. Pode ser de manhã, à tarde ou antes de dormir. No começo, procure fazer a técnica escolhida no mesmo horário para que você associe a prática como algo que já faça parte integralmente do seu dia.

3. **Meditação envolve religião?**

   Não. Apesar de algumas religiões adotarem a prática da meditação em seus cultos, a meditação não está associada a nenhuma crença ou dogma religioso.

4. **Qual a melhor postura para meditar?**

   Aquela na qual se sente mais confortável. Você pode meditar deitado, sentado ou em pé. Caso alguma postura se torne desconfortável durante a prática, mexa um pouco seu corpo ou mude de postura. Manter os pés firmes no chão e a coluna ereta e equilibrada sobre o quadril também o ajudam a manter o estado de presença.

5. **Qual a melhor técnica de meditação?**

Aquela com a qual se identifica mais e que faça com que você fique presente no aqui-agora.

6. **Como saber se estou ou não meditando?**

Toda vez que estiver presente, com a atenção em alguma sensação do seu corpo, você estará em algum nível de meditação. Portanto, não se preocupe em saber se você está ou não meditando, porque no momento em que você se questionar se conseguiu ou não, é justamente o instante em que saiu do estado de meditação.

7. **Como parar de pensar ou diminuir os ruídos mentais e o turbilhão de pensamentos?**

Simplesmente traga sua atenção para seu corpo e apenas observe os pensamentos, sem tentar controlá-los ou diminuí-los. A diminuição do nível de pensamentos é uma consequência natural da prática e não deve ser o objetivo. Uma técnica que pode ajudá-lo, caso esteja acontecendo com frequência, é a do mantra já detalhada neste livro.

Metáfora – A Decisão é Sua

Certa vez, um homem muito maldoso resolveu pregar uma peça em um mestre, famoso por sua sabedoria. Preparou uma armadilha infalível, como somente os maus podem conceber. Tomou um pássaro e o segurou entre as mãos, imaginando que iria até o sábio e experiente mestre, formulando-lhe a seguinte pergunta:

– Mestre, o passarinho que trago nas mãos está vivo ou morto?

Naturalmente, se o mestre respondesse que estava vivo, ele o esmagaria com as mãos, mostrando o pequeno cadáver. Se a resposta fosse que o pássaro estava morto, ele abriria as mãos, libertando-o e permitindo que voasse, ganhando as alturas. Qualquer que fosse a resposta, ele incorreria em erro aos olhos de todos que assistissem à cena.

Quando vários discípulos se encontravam ao redor do venerado senhor, ele se aproximou e formulou a pergunta fatal. O sábio olhou profundamente o homem nos olhos. Parecia desejar examinar o mais escondido de sua alma. Depois respondeu, calmo e seguro:

– O destino desse pássaro, meu filho, está unicamente em suas mãos.

PARE E PERCEBA! Como você está se sentindo agora? Inspire profundamente algumas vezes e tome consciência da sensação e do sentimento que estão presentes neste exato momento.

E a Jornada Continua...

Meu(minha) caro(a) leitor(a), parabéns pela curiosidade e pela vontade de desejar aprender mais sobre si mesmo(a) e sobre a vida. Desejo que a experiência de ter lido esta obra lhe traga bons frutos e que você possa viver uma vida mais plena e saudável. Acredito que todos influenciamos e somos influenciados pela interação que temos uns com os outros. Essa foi minha oportunidade de interagir com você por meio deste livro. Espero que minhas palavras tenham influenciado de forma positiva sua maneira de perceber a si mesmo e ao mundo. **Gratidão** por ter me dado esta oportunidade de compartilhar minha experiência, meu conhecimento e um pouco de mim mesmo.

Convido-o(a) também a me acompanhar e a interagir deixando sua opinião, comentário, sugestão ou crítica em qualquer um dos canais de comunicação a seguir:

Website Pessoal:

http://www.saulofong.com

Página no Facebook:

http://www.facebook.com/FongSaulo

Instagram: @saulofong

Portal Como Meditar:

http://www.comomeditar.com.br

Um abraço,
Saulo Fong

Nota do Editor

A Madras Editora não participa, endossa ou tem qualquer autoridade ou responsabilidade no que diz respeito a transações particulares de negócio entre o autor e o público.

Quais quer referências de internet contidas neste trabalho são as atuais, no momento de sua publicação, mas o editor não pode garantir que a localização específica será mantida.

Leitura Recomendada

Mesa Reikiana
Uma Fonte Inesgotável de Energia Vital

Inês Telma Citelli

Essa obra tem o propósito de trazer informações sobre a técnica Reiki e a Mesa Reikiana. Mostra a grande possibilidade de atingir beneficamente um número ilimitado de pessoas que precisam e querem viver mais plenamente suas vidas. Ela proporciona a transmissão da energia Reiki vinte e quatro horas por dia, sete dias por semana, sem interrupção, enquanto a pessoa estiver em terapia.

Mestre Reiki
Todos os Símbolos e Segredos do Mestre Reiki Segundo a Luz do Evangelho

Paulo Costa

Nessa obra é explicado todo o conteúdo do reiki, incluindo todos os seus símbolos, modos de usá-los e como são feitos os rituais de passagem, permitindo ao leitor tornar-se um mestre em reiki e capacitando-o a formar outros mestres sem a necessidade de um alto investimento, como geralmente ocorre em escolas iniciáticas.

Reiki Para Iniciantes
David Venells

Enquanto o Mestre continuava a iniciação, parecia que meu sistema de energia havia aberto de cima da cabeça até o centro do meu corpo – como se eu tivesse um tubo grande e vazio do topo da minha cabeça até o meu chacra base. Esse tubo foi preenchido com o que eu posso apenas descrever como "luz de energia", e o sentimento pesado desapareceu, fazendo-me sentir feliz, contente e completo; um estado no qual permaneci por um tempo. Quando o Mestre tocou as minhas mãos, eu senti um aumento dessa luz de energia".

www.madras.com.br

MADRAS® Editora — CADASTRO/MALA DIRETA

Envie este cadastro preenchido e passará a receber informações dos nossos lançamentos, nas áreas que determinar.

Nome _____
RG _____ CPF _____
Endereço Residencial _____
Bairro _____ Cidade _____ Estado ____
CEP _____ Fone _____
E-mail _____
Sexo ❑ Fem. ❑ Masc.   Nascimento _____
Profissão _____ Escolaridade (Nível/Curso) _____

Você compra livros:
- ❑ livrarias   ❑ feiras   ❑ telefone   ❑ Sedex livro (reembolso postal mais rápido)
- ❑ outros: _____

Quais os tipos de literatura que você lê:
- ❑ Jurídicos   ❑ Pedagogia   ❑ Business   ❑ Romances/espíritas
- ❑ Esoterismo   ❑ Psicologia   ❑ Saúde   ❑ Espíritas/doutrinas
- ❑ Bruxaria   ❑ Autoajuda   ❑ Maçonaria   ❑ Outros:

Qual a sua opinião a respeito desta obra? _____
_____

Indique amigos que gostariam de receber MALA DIRETA:
Nome _____
Endereço Residencial _____
Bairro _____ Cidade _____ CEP _____

Nome do livro adquirido: ***Meditação: A Arte de Viver o Presente***

Para receber catálogos, lista de preços e outras informações, escreva para:

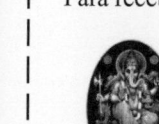

MADRAS EDITORA LTDA.
Rua Paulo Gonçalves, 88 – Santana – 02403-020 – São Paulo/SP
Caixa Postal 12183 – CEP 02013-970 – SP
Tel.: (11) 2281-5555 – Fax.:(11) 2959-3090
www.madras.com.br

MADRAS® Editora

Para mais informações sobre a Madras Editora,
sua história no mercado editorial
e seu catálogo de títulos publicados:

Entre e cadastre-se no site:

www.madras.com.br

Para mensagens, parcerias, sugestões e dúvidas, mande-nos um e-mail:

marketing@madras.com.br

SAIBA MAIS

Saiba mais sobre nossos lançamentos,
autores e eventos seguindo-nos no facebook e twitter:

@madrased

/madraseditora